Hermann Hesse, Thomas Mann
und andere in Arosa

Arosa

Texte und Bilder
aus zwei Jahrhunderten

Herausgegeben
von Ueli Haldimann

AS Verlag

Dank

Ich möchte allen danken, die mir bei der Arbeit an diesem Buch mit grossen und kleinen Handreichungen geholfen haben. Zuallererst den Autoren oder deren Nachkommen. Mein Dank geht aber auch an: Hans-Kaspar Schwarzenbach von Arosa Tourismus; Renzo Semadeni, Präsident der Vereinigung für Heimatkunde und Naturschutz im Schanfigg (Trägerverein Heimatmuseum); Kurt Wanner von der Walservereinigung Graubünden; Veronika Fuchs vom Deutschen Literaturarchiv in Marbach; Volker Michels vom Hermann-Hesse-Editionsarchiv, Offenbach; Heiner Hesse, Arcegno; Margrit Roelli, Zürich; Sven Moeschlin, Brissago; Kurt Marti, Bern; Benjamin Miller, Zürich; Heiner Spiess, Uster; Otmar Schmid, Uster; Ruedi und Vreni Homberger, Arosa; Hans-Ueli Blöchliger, Zürich; Graham Pilcher; Hans Danuser, Arosa; Prisca Aklin; Catherine Haldimann; ich danke ferner der Zentralbibliothek Zürich, dem Thomas Mann-Archiv in Zürich, dem Schweizerischen Literaturarchiv in Bern, der Schweizerischen Landesbibliothek in Bern, der Grafischen Sammlung der ETH Zürich, den wissenschaftshistorischen Sammlungen der ETH Zürich und der Kantonsbibliothek Graubünden.

Ueli Haldimann

Der Verlag und der Herausgeber danken Arosa Tourismus, Arosa Bergbahnen, der Gemeinde Arosa, Migros-Kulturprozent und der Kulturförderung Kanton Graubünden, die die Herausgabe dieses Buches gefördert haben.

Gestaltung: www.vonarxgrafik.ch, Heinz von Arx, Urs Bolz, Zürich
Lektorat: Andres Betschart, Zürich
Druckvorstufe/Fotolithos: Matthias Weber, Zürich
Druck: B & K Offsetdruck GmbH, Ottersweier
Einband: Josef Spinner Großbuchbinderei GmbH, Ottersweier
ISBN 3-905111-67-5

Vorwort

Thomas Mann sagte, er fühle sich in Arosa «wohler als irgendwo», und notierte bei seiner Ankunft 1938 ins Tagebuch: «Freude an der Wiederaufnahme dieser Lebensform bis zur Bewegtheit». Hermann Hesse lobte, er habe bei seinen wochenlangen Ferien in Arosa «einen Grad der Kräftigung und Verjüngung» erlebt, den er (als 50-Jähriger) «nicht mehr für möglich gehalten hatte». Er wünschte sich, ihm möge am letzten Tag vor der Abreise «so ein kleiner Ski-Unfall» passieren, «der genügen würde, um meine Ferien in Arosa um einige Zeit zu verlängern». Und Christian Morgenstern, der als Tuberkulosekranker in Arosa eigentlich ein tristes Dasein fristete, lobte die Schönheit der Landschaft: «Die Natur ist geradezu herrlich: Wälder wie aus Erz, bedeutende Berggipfel, grandiose Kessel, kristallklare Luft.»

Tatsächlich: Arosa hat seit dem Aufkommen des Fremdenverkehrs vor 120 Jahren Schriftsteller, Künstler und andere Kulturschaffende in grosser Zahl angezogen. Anfänglich kamen sie, weil sie krank waren; später waren es die Landschaft, das Klima und die Sportmöglichkeiten, die Feriengäste anzogen.

Viele haben über ihre Zeit in Arosa geschrieben – Tagebücher, Briefe oder Zeitungsreportagen. Aber auch zahlreiche literarische Texte sind in Arosa entstanden. Viele dieser Texte sind unpubliziert, andere sind schwer greifbar.

Ich möchte mit diesem Buch diese Texte wieder zugänglich machen. Vieles, was damals geschrieben wurde und seither in den Archiven oder in wenig gelesenen Tagebüchern schlummert, ist auch heute noch informativ, unterhaltend oder berührend – und auf alle Fälle lesenswert.

Bei der Auswahl habe ich versucht, alle Epochen der jüngeren Geschichte Arosas abzudecken. Vor hundertzwanzig Jahren war Arosa ein aussterbendes Bauerndorf mit gerade noch 50 Einwohnern. Ohne Fremdenverkehr wäre das obere Schanfigg heute möglicherweise ausgestorben. Dann kamen ab 1880 die ersten Fremden, die man Sommerfrischler nannte, und bald auch die ersten Lungenkranken. Sie suchten in der trockenen Höhenluft Heilung oder zumindest Linderung.

Diese Sanatoriumszeit – sie dauerte etwa bis 1925 – hat mich besonders fasziniert. Es wird heute häufig vergessen und verdrängt, dass Arosa in den ersten 40 Jahren des Fremdenverkehrs kein Ferienort im heutigen Sinn war, sondern ein Lungenkurort. Viele kamen hierher, um zu sterben: Für Tuberkulosekranke war Arosa häufig die letzte Station auf einem langen Leidensweg. In mehreren Dutzend Hotels, Kurhäusern und Pensionen waren damals Lungenkranke «zur Kur», was ihren Gesundheitszustand ziemlich schönfärberisch umschreibt.

Etwa ab 1925 war es dann der Sport, der die Gäste nach Arosa brachte. Diese Entwicklung wurde tatkräftig gefördert von den beiden schreibenden Kurdirektoren Felix Moeschlin und Hans Roelli. Thomas Mann und Hermann Hesse sind die bekanntesten Arosa-Gäste aus der nun beginnenden Epoche.

Aus der Zeit nach 1950 gibt es leider nur wenig Texte von literarischem Wert. Immerhin sind zwei bekannte zeitgenössische deutsche Autoren regelmässig Gast in Arosa. Eckhard Henscheid hat seine Liebeserklärung an Arosa 1996 verfasst; Brigitte Kronauer hat ihren Text extra für dieses Buch geschrieben.

Zürich, August 2001, Ueli Haldimann

Inhalt

Auf seinen Wanderungen legte Hans Conrad Escher jeden Tag gewaltige Strecken zurück und zeichnete und aquarellierte unterwegs «nach der Natur». Blick ins Schanfigg von der Churwalderstrasse oberhalb von Chur aus. Hinten der Strelapass, am rechten Hang Tschiertschen.

Bey den Bewohnern dieser Gegend eine Culturlosigkeit

Hans Conrad Escher bestieg 1806 das Aroser Rothorn und lieferte eine exakte Beschreibung der Landschaft und ihrer Bewohner

Hans Conrad Escher (1767–1823) ist auch heute noch jedem Schweizer Schulkind ein Begriff. Er war es, der von 1807 bis 1816 das so genannte Linthwerk schuf: ein System von Flussumleitungen und Kanälen, dank dem das grosse Gebiet zwischen dem Walensee und dem Zürichsee vor den ständig auftretenden Überschwemmungen geschützt, entsumpft und fruchtbar gemacht werden konnte. Hans Conrad Escher trug deshalb den Namenszusatz «von der Linth» – er ist nicht zu verwechseln mit Alfred Escher (1819–1882, Gründer der Schweizerischen Kreditanstalt und Erbauer der Gotthardbahn; Denkmal auf dem Zürcher Bahnhofplatz) und mit Hans Caspar Escher (1775–1859, Gründer der Maschinenfabrik Escher Wyss).

Hans Conrad Escher machte sich auch als Staatsmann und Demokrat einen Namen: Er unterstützte den Niedergang der alten Eidgenossenschaft, amtete in der Helvetik kurze Zeit als Kriegsminister, später als Erziehungs- und Regierungsrat im Kanton Zürich. Dazu war er ein begeisterter Wanderer und Entdecker der Schweizer Alpen – und ein talentierter Maler und Aquarellist, der auf seinen Wanderungen über 900 Ansichten und Panoramen schuf, die heute von grossem dokumentarischem, aber auch künstlerischem Wert sind.

Mehrere Reisen führten Escher in die Bündner Berge, zweimal kam er dabei ins Schanfigg (das damals noch Schalfik hiess): 1806 stieg er von Parpan her aufs Parpaner Rothorn, übernachtete dann in Arosa und zog anschliessend über die Strela nach Davos. Und 1813 wanderte er von Chur durchs Schalfik wiederum über die Strela nach Davos.

Auf seinen Wanderungen legte der vielseitige Ingenieur und Geologe gewaltige Strecken zurück; er war gross gewachsen und gut trainiert. Die Strecke von Zürich nach Basel (85 Kilometer) bewältigte er leicht in einem Tag, und wenn es sein musste, schaffte er auch den Weg nach Bern (110 Kilometer) innert Tagesfrist!

Escher führte auf seinen Reisen ein präzises Tagebuch, in dem er allgemeine Beobachtungen und Reiseeindrücke, aber auch viele sehr detaillierte Beschreibungen der Geologie der durchwanderten Gegenden festhielt. Die Aufzeichnungen unter dem Titel «Fragmente der Naturgeschichte Helvetiens» füllen über 1400 handschriftlich eng gefüllte Seiten; sie sind bis heute noch nie ganz transkribiert und publiziert worden.

Die Beschreibung der Rothorn-Besteigung im Juni 1806, die hier folgt, ist bislang unveröffentlicht. Die zum Teil sehr ausführlichen geologischen Beobachtungen sind weggelassen.

Hans Conrad Escher erhielt nach seinem Tod den Namenszusatz «von der Linth»: Er baute den Linthkanal und legte die Sümpfe zwischen dem Walen- und dem Zürichsee trocken. Kupferstich aus dem Jahr 1820 von Martin Esslinger.

Juni 1806

Reise über den Walenstädter See auf Chur, durch Churwalden auf Parpan, aufs Rothorn, ins Aroserthal, über die Fürkeli am Strela auf Davos durchs Thal des Landwassers in den Silberberg.

Den 25. Juni morgens frühe verliessen wir Parpan, um das nahe Rothorn an der östlichen Seite des flachen Churwalderthalhintergrundes zu ersteigen, welches ich schon vor 13 Jahren als in die Uebergebirgsformation gehörig ansah, welches sich nun durch diesen Besuch bestätigte. Wir stiegen sehr lange über die schwachbegrasten Schutthalden empor, welche den ausgedehnten, nicht sehr steilen Fuss des Rothorns an dieser seiner westlichen Seite bilden. [...] Schon hoch über Parpan befindet sich auf der Höhe dieses untern meist bekleideten Gebirgsabsatzes eine ziemlich ausgedehnte Ebene, in die sich die finstre Felsenmasse des Rothorns herabsenkt.

Doch sind noch einige von diesem ausgedehnten Gebirgsstock herausragende Felsengräte mit steilen Schutthalden bedeckt, über deren eine wir durch einen schmalen Pfad gegen die erst seit kurzer Zeit an dieser Westseite des Rothorns wiedereröffneten Kiesgruben am oft schauerlich steilen Abhang anstiegen. Das mühsame Aufsteigen über diesen steilabhängigen und grösstentheils verwitterten und daher aus losem Schutt bestehenden Felsen dauerte ziemlich lange. Und erst da wo sich dieser an die fast verticalen, finstern, zackig zerrissenen Felsenwände der obersten Höhe des Rothorns anschloss, fanden wir eine elende Hütte bei den neueröffneten Erzgruben. [...] Nach den Absichten der jetztigen neuen Unternehmer dieses Bergbaus soll gold- und kupferhaltiger Kies hier gewonnen werden. [...]

An einer höheren Stelle dieses engen steilen Felsenschrundes, in welchem wir uns befanden, ist noch eine zweyte alte, verlassene Grube, die wahrscheinlich nicht in einem mit dem eben berührten Gang in unmittelbarer Verbindung angelegt ist. Die schauerliche Steilheit dieses noch ganz ungebahnten Felsenabhangs hinderte mich am eigenen Besuch dieser zweyten höheren Grube. [...]

Wir fanden uns bei diesen Gruben schon so hoch am Rothorn angestiegen und den Weg, den wir schon zurückgelegt hatten, zu mühsam und zum Theil selbst zu gefährlich, um wieder rückwärts gehen zu wollen. Doch stand die Kuppe dieses finsteren, zackig zerrissenen und scheusslich steil abgeschnittenen Gebirgsstocks ebenfalls sehr zurückschreckend vor uns. Eine ziemlich tief eingeschnittene Wasserrinne, die steil nördlich von der untern Grube anstieg, versprach uns einen Pfad gegen die hohe, südlicher liegende Kuppe des Rothorns hinauf. Mühsam kletterten wir in derselben hinauf, fanden aber den

Oben: Blick vom Strelapass nach Westen in Richtung von Arosa.

Rechte Seite: Unterwegs hielt Escher seine Beobachtungen in seinem Reisetagebuch fest. Die detaillierten geologischen Beschreibungen ergänzte er teilweise mit Skizzen. Beginn des Journaleintrags vom 25. Juni 1806, von der Lenzerheide aufs Rothorn und nach Arosa.

höheren Theil derselben mit so festgefrorenem Schnee angefüllt, dass unsere Führer erst wieder zur Hütte zurückkehren mussten, um Werkzeuge zu holen, um Fussstapfen in den Schnee zu hacken. Und jetzt noch war dieser kalte Pfad wegen seiner beträchtlichen Steilheit kritisch genug und durch oft herabrollende, scharfkantige Steine, die mich an einigen Stellen etwas verwundeten, wirklich gefährlich gemacht. [...]

Mit viel Mühe kletterten wir über den immer steiler werdenden Schneeabhang hinauf u. erreichten endlich über demselben glücklich die Kante dieser Gebirgsmasse, deren höchste Kuppe uns ganz südlich lag und gegen die wir meist über Schneefelder, aber beym Anblick einer ausserordentlichen ausgedehnten Aussicht, emporstiegen. Das Rothorn bildet hier auf seiner Höhe einen ziemlich langen nach S. fortlaufenden und sich selbst S.O.lich herumbiegenden Rücken, der gegen W. allgemein steil und zackig abgeschnitten und zerrissen, gegen O. aber ziemlich sanft abhängig und gegenwärtig fast allgemein mit Schnee bedeckt ist. Keine dieser unter sich mehr und minder durch steile, schroffe Einschnitte abgesonderte Kuppen ist sehr auszeichnend und die etwas höheren scheinen noch südlicher zu liegen. Wir erstiegen daher nur die höchste in unserer Nachbarschaft. [...] Nachdem ich die schöne und ausgedehnte Aussicht untersucht und grösstentheils gezeichnet hatte, beobachtete ich noch die Gebirgsart dieser hohen Kuppe des Rothorns selbst, welche grösstentheils aus einem dünn- und geradblättrigen Glimmerschiefer besteht. [...]

Da wir von diesem hohen Felsenfirst in das Arosathal abzusteigen wünschten, welches ein linkes Nebenthal des Hintergrunds des Schalfikthales ist, so mussten wir uns erst wieder etwas nördlich über die Kante des Rothorns heraus ziehen, um dann erst an dem steilen südlichen Abhang dieser Gebirgskette herabzusteigen. Der eigentliche Gebirgsabhang selbst war mit einer zu zerrissenen Schneefläche bedeckt, um ohne Gefahr über denselben gehen zu können, daher wir an einem weit steileren, zum Theil begrasten nördlichen Gebirgshang sehr mühsam herabklettern mussten, um den Fuss dieser überall ziemlich steil abgeschnittenen Gebirgskette zu erreichen, an den sich der oberste, äusserst wilde u. durchaus öde Hintergrund des Arosathals hinaufwindet, welches selbst ein enges und gebogenes aber langes Ne-

§11. Den 25. Junii Morgens Frühe verließen wir Surpan, um das nahe
Rothhorn an der westlichen oder östlichen Seite des flachen Churwalderthal hin
tergrundes zu ersteigen, welches ich schon vor 13 Jahren als in die Urgebirgs
formation gehörig ansah, welches sich nun durch diesen Besuch bestättigte.
Wir stiegen sehr lange über die schwach begrasten Schutthalden empor welche den
ausgedehnten nicht sehr steilen Fuß des Rothhorns an dieser Seite West seite bil
den; diese Schutthalden sind mit häufigen Herabrollungen überstreut welche meist
aus Gneiss, Glimmerschiefer u: Hornblendeschiefer mit zeisiggrünem wahrscheinlich
dichtem Strahlstein als Zwischenlagen, bestehen. Schon hoch über Surpan findet
sich auf der Höhe dieses untern meist bekleideten Gebirgsabsatzes, eine ziemlich
ausgedehnte Ebene; in die sich die finstre Felsenmasse des Rothhorns steil her
absenkt; doch sind noch einige von diesem ausgedehnten Gebirgsstock herausragen
de Felsengräthe mit steilen Schutthalden bedekt, über derer eine wir durcheilten
schmalen Pfad gegen die erst seit kurzer Zeit an dieser West Seite des Rothhorns wie
der eröffneten Erzgruben am oft schauerlich steilen Abhang, anstiegen. Hier fand
ich das erste Zutageausgehen der anstehenden Gebirgsart, welches aus einem dik
und uneben blättrigem Glimmerschiefer besteht, welcher silberweißen Glimmer der
okerbraun angelaufen ist, u: graulichweissen ebenfalls etwas okerfarbig angelauf
nen Quarz zu Bestandtheilen hat; letztrer bildet nicht sehr anhaltende dünne
aber etwas knollige Zwischenlagen, der Glimmer ist meist großschuppig, das ganze
hat nicht sehr festen Zusamenhang, u: die Schichten, wovon einige als ziem
lich regelmäßige Zwischenlager ausschließend aus Quarz bestehen haben
steile S. O. liche Einsenkung. Das mühsame Ansteigen über diesen steil ab
hängigen größtentheils verwitterten, u: daher aus lokerm Schutt bestehenden Felsen
rüken dauerte ziemlich lange, u: erst da wo sich dieser an die fast verticalen fin
stern zakig zerrißnen Felsenwände der obersten Höhe des Rothhorns anschloss
fanden wir eine elende Hütte bey den neuerofneten Erzgruben.
§ 12. Die an dieser Stelle der West Seite des Rothhorns anstehende Gebirgsart, besteht
aus einem bläulichgrauen versteckt flasrigen mit thontheilchen gemengtem
Quarz, welcher sich einem quarzigen Gneise anähert, der aber häufig zerkluf
tet ist, u: sowohl auf seinen Klüften als Schichtenablösungen von einem grünen
schimmernden Serpentin Schiefer bekleidet wird, wodurch das ganze das Ansehen
eines Serpentinsteingebirges, selbst in den kleinern Bruchstüken, erhält, indem es
der häufigen Zerklüftungen wegen schwer ist frischen Bruch dieser Gebirgsart
zu erhalten. An andern Stellen in der Nähe dieser Grube ist die Gebirgsart
versteckt dünnschiefrig u: besteht auch größtentheils aus grünlichgrauem fein schuppig
körnigem mit thontheilchen innig gemengtem Quarz; die deutlichern Schieferablösungs
flächen desselben sind theils mit grünlichgrauem Glimmer, theils mit ähnlich gefärbtem
fettschimmerndem Thonschiefer der dem Hornschiefer des Wallerius nahe kommt, überzogen,
wodurch also das ganze in Glimmerschiefer übergeht; die hier seltnern Klufteablösungen
sind zum theil auch von diesem Thonschiefer überzogen; an einigen Stellen aber findet sich
grobschuppiger Glimmer in den offnern Klüften. Diese in einer so steilen Felsenwand
[illegible] die Verwitterung [illegible] Zerklüftungen undeutlich ge
wordene Gebirgsart, steht in ziemlich bestimmten nicht steil östlich eingesenkten
Schichten an, welche daher mit dem westlichen Ausgang diese steil über Surpan
sich erhebende Escarpementer bilden: diese Lagerung scheint der ganzen Masse
des Rothhorns anzugehören.
§13. In dieser in kleine Bruchstüke an diesem Gebirgsabhang zerklüfte
ten Gebirgsart senkt sich eine 2, 3 bis 4 Fuss breite offne Kluft mit steiler
östlicher Einsenkung in die Gebirgsmasse des Rothhorns hinein, u: durch
schneidet also die nur schwach eingesenkten Schichten unter einem noch ziem
lich beträchtlichen Winkel, so dass die Schichten Richtung dadurch nicht merk
bar verändert wird. Diese Kluft zieht sich aus diesem engen Krachen in
welchem wir uns befanden so ziemlich mit der Streichungslinie der Schich
ten gegen N. in das Gebirge hinein. Sie scheint die durch alten verlaßnen
Bergbau geöfnete Kluft eines 2 bis 4 Schuh starken vorhanden gewesenen
Ganges zu seyn, der einige Lachter in die Höhe, u: viele Lachter in das Gebirge
hinein abgebaut worden zu seyn scheint: jetzt ist die Sohle des Stollens der
den Gang horizontal ins Gebirge hinein verfolgt, durch herabgestürzte Felsen
u: zusamengeschwemte Thonerde u: Sand fast ganz bedekt, u: daher die Be
fahrung sehr mühsam, indem die erst seit kurzer Zeit sich hier angesetzten
Arbeiter mit ihren Ausraumungsarbeiten noch sehr wenig weit vorge
rükt sind: ich drang zwar möglichst tief in diesen verkürzten Stollen, kon
te aber dessen Feldort, wegen der undurchdringlichen Anhäufung von herab
gestürzten Felsenstüken doch nicht erreichen. Längs den Wänden dieser offnen
Kluft steht ein stark verwitterter Glimmerschiefer an, der oker gelb u: braun
gefärbt

Rothorn.

Rothhorn
(Glimmerschiefer)

Strela Rothhorn
Didi
Langwies

Oben: Blick von der Mederger Bergflanke in Richtung von Arosa. Rechts das Bergkirchli, links der Eingang zum Welschtobel. «N. d. Nat. gezcht.» am 26. Juni 1806.

Unten: Aussicht vom Strelapass ins Schanfigg in Richtung Chur. Im Tal Langwies, ganz unten Chur. Dieses Aquarell entstand auf einer zweiten Reise Eschers ins Schanfigg im Jahr 1813.

benthal des linksseitigen Hintergrund des Schalfikthales ist. Von allen Seiten hängen ungeheure sich immer noch erneuernde Schutthalden in diesen Thalhintergrund hinab. [...]

An einer etwas weniger erweiterten Stelle dieses immerfort noch völlig öden, rauhen und steil eingeschlossenen Thalhintergrundes findet sich ein kleiner See, der die ganze Thalbreite einnimmt und welcher noch am Rande theilweise gefroren war. Von allen Seiten hängen traurige, unbegraste, sich immer noch erneuernde Schutthalden in diesen traurigen See herab, an dessen linken Seite wir uns oft mühsam hinzogen.

Unter diesem traurigen See wendet sich das öde Thälchen merklich von seiner bisherigen östlichen Richtung gegen N. herum und kommt deshalb allmählig in das Profil der in dasselbe einfliessenden Gebirgsketten, welche sehr rauhe und steil abgeschnittene Escarpementer zeigen, welche aber hoch hinauf mit immer noch sich erhöhenden u. ausdehnenden Schutthalden bekleidet sind. [...]

Das Aroser Thal bekleidet sich unter dem Thalabsatz unter dem oberen See und behält nun seine fast nördliche, nur wenig nach O. abweichende Richtung bey. Unter den kalksteinartigen Herabrollungen von der linksseitigen Gebirgsmasse finden sich auch dunkelgrüne in Serpentinstein, versteckt und unregelmässig wellenförmig blättrige Thonschiefer. Diese Herabrollungen zeigen sich aber noch weit häufiger am linken Ufer eines zweyten, von grösstentheils begrasten Abhängen umgebenen Sees, der ebenfalls die ganze nicht beträchtliche Breite dieser Stelle des Aroserthals einnimmt. [...]

Unter diesem zweyten öden, doch etwas anmuthigeren See bildet das Thal von Arosa wieder einen stark vertieften Absatz und erweitert sich auf einmahl beträchtlich. Zwar bleibt der unterste Thalgrund immer noch enge und tief eingeschnitten. Allein nur ein paar hundert Schuhe über demselben verflachen sich die beydseitig begrasten Gebirgsabhänge so beträchtlich, dass das Thal in seiner Höhe sehr weit wird u. an seiner linken Seite eine wellenförmige ziemlich ausgedehnte Ebene bildet, auf welche das Dorf Arosa mit einer Pfarrkirche zerstreut liegt. Die Ansicht desselben bildet einen angenehmen Vordergrund zu einer Aussicht, in der man über den Schalfikthalhintergrund hinaus, durch das rechtsseitige Nebenthälchen Fondey desselben, ins Prättigau hinübersieht und den breiten Gebirgsstock Madrisa ob Saas darin erblickt. Mehr westlich erhebt sich die Sulzfluh ob St. Antönien im Prättigau hoch über die grünen Vorberge von Arosa und Schalfikthal. Oestlich zeigte sich im nahen Hintergrund des Schalfikthals der hoch hinauf begraste Strelaberg. [...]

In einem artig gelegenen Bauernhause des Dorfs Arosa logirten wir uns ein u. beobachteten bey den Bewohnern dieser Gegend eine Culturlosigkeit, welche im Anfang liebenswürdige Natürlichkeit zu seyn schein, aber schon bald sich als nicht sehr humane Rohheit äussert.

Den 26. Juni morgens frühe verliessen wir Arosa und stiegen in dessen Thalgrund allmählich gegen den Auslauf des Arosathals in den linksseitigen Hintergrund des Schalfikthales herab. Nicht tief unter dem Dorf verengt sich das Thal beträchtlich und steigt ziemlich steil gegen seinen Auslauf herab. Auch die beydseiti-

gen Gebirgsabhänge, die diesen Auslauf einschliessen, sind ziemlich steil abgeschnitten, doch so, dass sie wenigstens an ihrem Theil meist mit Waldung bekleidet sind, in der sich die Strasse nach dem Schalfikthal hinauszieht. Die anstehende Gebirgsart ist also hier ziemlich hoch mit Vegetation bekleidet. [...]

Der Hintergrund des Schalfikthals, in welchen das Arosathal ausläuft, ist ziemlich flach und eine einsame, mit Weid und Wald bekleidete Ebene, in welche die verschiedenen Quellen der Plessur zusammenlaufen und breite, regellose Betten haben, die sie mit vielen Geschieben erhöhen und erweitern. Die allseitigen Gebirge aber erheben sich ziemlich steil aus diesem einsamen Thalhintergrund.

Der Schwellisee, den H. C. Escher als «öden, doch etwas anmuthigeren See» beschreibt, im Hintergund Innerarosa. Dieses Foto entstand um 1900.

Murray erwähnt in seinem Reisehandbuch, im Schanfigg seien viele Häuser mit Inschriften dekoriert. Am schönsten ist das Pfarrhaus in Langwies. «Freund, hast Du Mich lieb? So weide Meine Schafe, spricht CHRISTUS, und weid' auch Meine Lämmer. Siehe, ich komme bald! Ja Herr! Komm' bald! und hilf uns Allen aus! Es eilt die Zeit! Führ uns ins Vater-Haus. Errett' uns! AMEN.»

Das Schalfig ist ein ausserordentliches Tal

Murray's Handbook, Ausgabe 1867: Von Chur nach Davos über den Strelapass

Bis zum Bau der Schanfigger Strasse 1874 war Arosa eine arme, abgelegene Bauernsiedlung, am Ende einer Sackgasse gelegen und daher nur sehr mühsam zu erreichen. Die Reisenden – vor allem aus England –, die die Schweiz seit 1830 in zunehmender Zahl besuchten, fuhren in die Zentralschweiz, ins Berner Oberland und an den Genfersee, aber kaum nach Graubünden. In den frühen Ausgaben von «Murray's Handbook for Travellers in Switzerland», dem damals massgeblichen Schweiz-Führer für englische Touristen, fehlen Arosa und das Schanfigg ganz. Erst als Chur 1858 mit der Eisenbahn erreicht werden kann, entdeckt der Murray's das Tal – als kürzeste Verbindung zwischen Chur und Davos. Von Langwies führt der Weg allerdings ostwärts über die Strela nach Davos. Das obere Schanfigg ist John Murray in der zwölften Auflage seines Führers von 1867 nur gerade einen Seitenblick wert, und das Dorf Arosa wird gar nicht erwähnt.

Oben: Der Weg auf die Strela führt durch Sapün, einen kleinen Weiler einer gut erhaltenen Walsersiedlung oberhalb von Langwies.

Rechts: Titelseite «A Handbook for Travellers in Switzerland», 12. Auflage, 1867.

Das Schalfig-Tal (vor dessen Eingang an den Ufern des Flusses Plessur die Stadt Chur gebaut ist) führt zum Strelapass. Der Weg zieht hoch über dem Fluss der Talflanke entlang. Nach fast einer Stunde kontinuierlichen Anstiegs erreicht man Maladers, das erste Dorf des Tals. Von hier aus sieht man den Strelapass, aber man braucht noch 7 Stunden, um dort hinaufzugelangen.

Das Schalfig ist ein ausserordentliches Tal. Es gibt keine Dörfer im Talgrund. Alle Dörfer liegen am Berghang, hoch über der Plessur, und es bestehen offensichtlich keine Verbindungswege zwischen ihnen. Von Maladers nach Langwiesen, das sind etwa 5 Wegstunden, ist der Weg immer mindestens 1000 Fuss [300 m] über dem Fluss. Unterwegs durchquert man

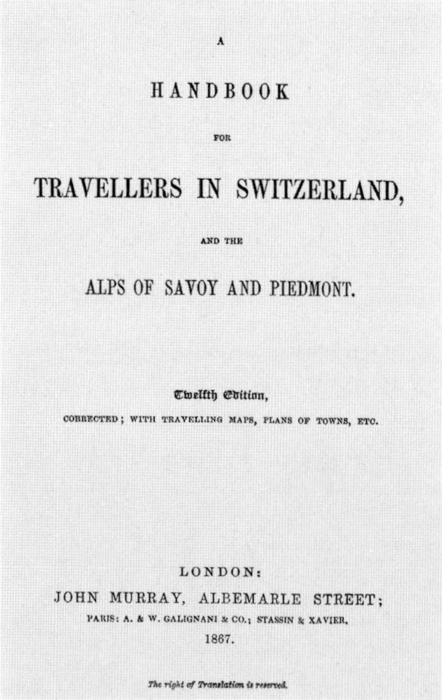

A

HANDBOOK

FOR

TRAVELLERS IN SWITZERLAND,

AND THE

ALPS OF SAVOY AND PIEDMONT.

Twelfth Edition,

CORRECTED; WITH TRAVELLING MAPS, PLANS OF TOWNS, ETC.

LONDON:

JOHN MURRAY, ALBEMARLE STREET;

PARIS: A. & W. GALIGNANI & CO.; STASSIN & XAVIER.

1867.

The right of Translation is reserved.

Bis ins 19. Jahrhundert waren im Schanfigg – damals Schalfick – andere Ortsbezeichnungen gebräuchlich. Pagig zum Beispiel hiess Patuck, Arosa war Erosa. Diese Karte von Hans Conrad Gyger stammt aus dem Jahr 1635.

mehrere Dörfer, die alle zuoberst auf den Ausläufern des nördlichen Berghangs platziert sind. Sie sind voneinander getrennt durch seitliche Schluchten, die man mühsam durchqueren oder umgehen muss.

Eine der schönsten Aussichten des Schalfig-Tals geniesst man von Calfreisen, einem Dorf mit einem alten Turm, der von Bäumen umgeben ist. Von hier sieht man in das Kalfeuser Tal mit seinen schneebedeckten Bergen.

Die Häuser im Schalfig-Tal sind solide gebaut. Inschriften dekorieren die Pfarrhäuser in St. Peter und in Langwiesen, und auch auf der Stirnseite des Schulhauses in Peist sind ein paar Verse geschrieben. Langwiesen ist von Chur aus in 5½ Stunden erreicht. In weiteren 2½ Stunden ist man auf dem Pass. Seine Höhe ist fast 7700 Fuss [2377 m].

Von hier aus können der ganze Verlauf des Schalfig Tals, die Galanda und die Alpen des Kalfeuser Tals gesehen werden. Die Aussicht in die andere Richtung öffnet sich erst nach einem kurzen Abstieg. Man sieht alle Gipfel der Kette vom Albula bis zur Grenze zum Tirol.

Ein steiler Abstieg von 1 Stunde bringt einen von der Strela nach Plaz oder Davos. Herbergen: Haus zur Strela, am Hang, sehr anständig (Molken-Kuren). Das Rathaus, jetzt eine einfache Herberge, war früher mit den Köpfen von mehr als 30 Wölfen dekoriert, die in der Nachbarschaft erbeutet worden waren. Ein Wolfsnetz hängt immer noch dort, aber die Tiere sind fast verschwunden.

Marty & Amstein, Herisau & St. Gallen.

Eine Zigarettenkiste an das Bauernhaus – und fertig ist das Hotel

Die Aroserin Anna Hold beschreibt in ihren Jugenderinnerungen die Ankunft der ersten Touristen

1876 wird die Schanfiggerstrasse bis Langwies eröffnet. Das ist für Arosa der Beginn einer neuen Zeit. Bis zu dieser Zeit führte der schnellste Weg nach Chur – besonders aus Innerarosa – über den Carmennapass nach Tschiertschen. Zwei Steine auf der Passhöhe wurden im Volksmund als «Gottlob- und Dank-Steine» bezeichnet, weil die Wanderer das Erreichen der Höhe so zu begrüssen pflegten. Trotz der 400 Meter Höhenunterschied zwischen Arosa und der Passhöhe erwies sich die Carmennaroute, die zwar steil und beschwerlich war, als wesentlich kürzer und schneller als der lange Weg über Langwies oder über die Ochsenalp.

Mit dem Bau der Strasse bis Langwies wird das anders. Der grössere Teil des Wegs kann nun bequem in der Postkutsche zurückgelegt werden. Allerdings folgt ab Langwies immer noch ein gut zweistündiger Fussmarsch über Litzirüti (bei Anna Hold Rüti genannt) nach Arosa; bei schlechtem Wetter ist der Weg häufig unpassierbar. Die Aroserin Anna Hold beschreibt in ihren 1917 erschienenen Jugenderinnerungen die Ankunft der ersten Sommerfrischler und Touristen.

Der 1884 gegründete Kurverein Arosa gab 1889 eine erste Werbebroschüre heraus, die die Vorzüge der Gegend beschrieb: «Überall Quellwasser bester Qualität, ausgezeichnete Milch, der Veltliner erreicht in dieser Höhe eine Güte wie selten im Unterlande.»

TOTAL-ANSIC

Arosa war nun plötzlich viel leichter zu erreichen, obschon der schmale Fussweg von Langwies nach Arosa recht holprig und steil war. Er führte über Baumwurzeln, durch Sümpfe, über Bäche ohne jeden Steg, durch nahe zusammenstehendes Gebüsch; häufig hatte man Mühe, ihn überhaupt zu finden. Natürlich kehrte man in der Rüti bei Frau Danuser ein, um sich etwas auszuruhen und zu stärken. Zuweilen wurde eine Dame per Sänfte von Langwies nach Arosa getragen. Lebhaft erinnert sich eine Aroserin, wie einst eine etwas korpulente Berlinerin stolz auf ihrem Tragstuhl thronte und mit dem Fächer sich die Sonnenstrahlen vom Gesicht abhielt. Um den bedeutend erhöhten Postverkehr bewältigen zu können, schaffte sich die Aroser Post zuerst ein Eselchen mit dem so beliebten Namen Miggi und dann ein Saumpferd an.

In Maran konnte man schon in den 60er Jahren bei der Frau Eva Ardüser im jetzigen Hof Maran eine bescheidene Unterkunft finden. In ihrem netten Stübchen war es sehr gemütlich. Manche Lukmilch (geschwungener Nidel) wurde dort in fröhlicher Gesellschaft gegessen, manches Glas guter Veltliner getrunken. Schade, dass das Fremdenbuch, das bis in die 60er Jahre zurückreicht, nicht mehr vorhanden ist. Als man nach dem Tode der Eva ihre Sachen versteigerte, erstand es für 50 Rappen ein fremder Kurgast, der es mit nach Deutschland nahm.

Auch auf der Egga konnten 2 bis 3 Gäste bei bescheidenen Ansprüchen Unterkunft bei Christian Mettier finden, und seine Frau war gerne bereit, hungrigen Touristen gegen geringes Entgelt ein einfaches Essen zu kochen. Als Herr Oberingenieur v. Salis aber einst eine Serviette verlangte, meinte die Wirtin ganz entrüstet: «Diese Fremden werden immer anspruchsvoller!» Ein anderer Gast wünschte Schwarztee. Was ist das, lautete die Antwort. Ob der Herr wohl Kamillentee meine? Auch mit alkoholhaltigen Getränken war man nicht immer gut versehen. So konnten in den 60er Jahren Churer Metzger in Arosa keinen Tropfen Wein zur Anfeuchtung ihrer von der Höhenluft ausgetrockneten Kehle auftreiben.

Schon Ende der 60er Jahre wurden vereinzelt erholungsbedürftige junge Leute aus Chur bei Bauernfamilien aufgenommen. Von Mitte der 70er Jahre an wurden leerstehende Häuschen am Untersee gelegentlich während der Sommermonate von Churer Familien gemietet. Man zahlte dafür einschliesslich Brennholz für die Küche für den ganzen Sommer fünf Franken.

ON AROSA.

Im Jahre 1877 richtete Herr Präsident Mettier eine kleine Pension am Stafel ein. Zwei Jahre später entstand die Pension Brunold, nachdem das neue Leineggahaus noch durch einen Anbau vergrössert worden war. Mehrere Zürcher Familien, die im Ausland gelebt hatten, waren die ersten Gäste. Dazu kamen einige Basler und bald auch Deutsche, darunter Dr. Herwig, der von Davos nach Arosa gezogen war. Er war der erste Kurgast, der den Mut fand, auch den Winter (1883 auf 1884) in Arosa zuzubringen. Dann baute er sich ein kleines, etwa sechs Meter im Geviert messendes Häuschen an der Stelle, wo heute die Villa Herwig steht.

Im Jahre 1879 baute Thomas Hold sein Häuschen am Sitenbühel um und vereinigte es durch einen Anbau mit dem benachbarten Martinshaus; so entstand das Kurhaus, später Arosa Kulm genannt. Er verpachtete es, und eine Reihe guter Gastwirte brachten es zu gutem Ansehen. Viele hochstehende und berühmte Persönlichkeiten wohnten dort.

Vor Beginn des Fremdenverkehrs stand das Heimwesen «Neuwies» meist unbewohnt, da sein Besitzer, Herr Johannes Hold, in Chur lebte. Nach seinem Tode übernahm dessen Tochter Frau Menga Wieland Hold das Gut. Sie richtete mit ihrem Manne, Herr Peter Wieland und ihrer Mutter im Jahre 1878 eine kleine Fremdenpension ein. Das Haus wurde durch einen Anbau vergrössert. Doch bald erwies sich die heimelige Stube als zu klein. Es wurde daher im Jahre 1880 der heute noch stehende Saal [es gibt ihn heute noch; Anm. d. H.] mit einigen Gastzimmern darüber angebaut. Ein bekannter Zürcher Architekt meinte spöttisch: «Da baut man so eine Zigarettenkiste an ein altes Bauernhaus, und das Hotel ist fertig.» Selten aber wird es ein gemütlicheres Gasthaus gegeben haben als den alten Seehof. Herr Wieland hatte stets ein übervolles Haus. Seine gute Küche und der vortreffliche Veltliner verschafften ihm in kürzester Zeit einen guten Ruf. Besonders die Churer waren hier heimisch und verlebten die fröhlichsten Ferien bei Wieland. Als dann noch eine geräumige Kegelbahn neben dem Hause erstellt wurde, gaben sich sämtliche Kurgäste Arosas dort jeden Nachmittag Rendezvous. Man sass dicht gedrängt, trank ausgezeichneten Kaffee, Schokolade, Veltliner oder Bier. Denn die Abstinenz spielte damals noch keine Rolle. Dazu wurden Schinken und Bindenfleisch gegessen, als hätte man am Mittagstisch gefastet. Niemand nahm daran Anstoss, dass im Hintergrunde ohne Unterlass die Kegelkugeln polterten.

Arosa im Jahr 1890. In den letzten 10 Jahren sind acht Hotels entstanden. Der grosse Boom steht noch bevor. Man beachte den Abhang des Tschuggen rechts der Bildmitte, der noch nicht bewaldet und dadurch rutschgefährdet war.

Wie Arosa zu seinem Namen und zu seiner Kirche kam

Anna Hold erzählt in ihren Jugenderinnerungen auch die abenteuerliche Geschichte des Fräulein Rosa aus Vatz (heute Vaz), das auf wundersame Art gerettet wurde, als es in Arosa den Lehenszins einziehen wollte. Rosa gab dem kleinen Bergdorf den Namen.

ALTE·KIRCHE·IN·AROSA·

Die Sage weiss uns zu berichten, dass vor vielen hundert Jahren einer der Freiherren von Vatz drei Brüder mit dem heutigen Gebiet von Arosa vererblehnt hatte und dass die neue Kolonie lange Zeit zu Obervatz gehörte. Dort mussten die Aroser früher auch ihre Toten begraben. Natürlich war es während der Winterzeit unmöglich, die Leichen über den Pass zu bringen. Daher begrub man sie zuerst im Schnee, um sie nach Eintritt der wärmeren Jahreszeit nach Obervatz zur letzten Ruhe zu befördern. Auch konnten die Kolonisten der weiten Entfernung halber nicht selbst zur Kirche gehen. Darum schickten sie allsonntäglich ein altes Weiblein, auf dass es für sie alle bete, nach Obervatz. Nun begab es sich einmal, dass dieses Betweiblein von der langen Wanderschaft hungrig und müde jenseits des Hörnlis von einem Sennen einen Trunk Milch erbat. Dieser aber war ein ruchloser Geselle und verabreichte der Flehenden mit Lab gesäuerte Milch, so dass das Weiblein unter heftigen Krämpfen und den Sennen verfluchend verschied. In diesem Momente liess sich ein immer drohender anschwellendes Rollen vernehmen, der Boden öffnete sich und verschlang den Sennen. An Stelle des schönen Senntums aber entstand der Urdensee. Noch heute sieht man angeblich im Wasser die Umrisse von Haus und Stall sowie den mitten durch den See sich hinziehenden alten Weg. Vor Gewittern aber zeigt sich der Geist des ruhelos umherirrenden Sennen mit der mächtig brüllenden roten Kuh, welche seinerzeit die todbringende Milch gegeben.

Bald nach dem Tode des Betweibleins ritt ein Fräulein von Vatz namens Rosa gegen das heutige Arosa, um von den dortigen Lehensleuten den Zins einzuziehen. Beim Urdenseeli angelangt, verlor sie im plötzlich einfallenden Nebel Weg und Richtung. Lange irrte sie umher, doch kam sie immer wieder an dieselbe Stelle zurück. Der Verzweiflung nahe, fiel sie auf die Knie und gelobte, den Lehensleuten jede Abgabe zu erlassen und ihnen ein Kirchlein zu erbauen, so Gott ihr helfen wolle. Kaum hatte sie ihr Gelübde abgelegt, so lichtete sich der Nebel

Die Sage berichtet, Fräulein Rosa aus Vatz habe aus Dankbarkeit über ihre wundersame Rettung das Bergkirchli gestiftet.

und das Fräulein gelangte ungefährdet an ihr Ziel. Rosa von Vatz hielt ihr Versprechen. Die vom Lehenszins Befreiten jedoch nannten ihre Heimat in der Folgezeit zu Ehren Rosas Errosen. Diesen Namen führte das Gemeinwesen als Zeichen der Dankbarkeit bis in die jüngste Zeit, so dass sich die älteren Leute, ja selbst die ersten Fremden noch wohl des auf «Errosen» lautenden ersten Poststempels erinnern können. Auch das gegenwärtig noch im Gebrauche befindliche Siegel trägt die Gravur: «Siegel der Gmeind Erosen». Auf dem Abendmahlteller ist geradezu eingeprägt: «Gmd. Rosa».

Später pachtete Herr Wieland die Fischerei in den Aroser Seen. Nun kamen goldene Zeiten für den Seehof. Jeder Aroser Gast wollte einmal sein Forellenessen haben, zu welchem er seine Freunde einlud. Das Stübchen im alten Hause wurde dann den Herrschaften reserviert. Einfach war ein solches Souper nicht zu nennen, knallten doch manchmal sogar Champagnerpfropfen. Mit welcher Freude folgte man dem Rufe, wenn der Seehof ganz Arosa zu einem Picknick in der Wetterweide einlud. Da gab es Zigeunerbraten, den Herr Wieland, unterstützt von einigen seiner Gäste, am lodernden Feuer schmorte. Erwartungsvoll sass man auf dem Waldboden, bis schliesslich jedermann einen hölzernen Spiess vor sich hatte, dazu ein Stück Brot und ein Messer. Ratlos sass mancher fremde Gast da und wusste durchaus nicht, wie er die Sache anfassen sollte, denn von Butter triefendes Fleisch ohne Teller und Gabel zu essen, erschien ihm ein Ding der Unmöglichkeit. Doch das Picknick hiess damals Zigeunerpartie, und daran musste man sich halten!

Ein Stock als Gehhilfe und ein Thonet-Stuhl zum Ausruhen: Erste Kurgäste und Touristen in Arosa, um 1890. Am rechten Bildrand das Hotel Seehof.

Kegelbahn, gedeckte Trinkhalle und Wasser-Klosets

Ab 1880 entwickelt sich Arosa rasant. Jedes Jahr werden neue Hotels eröffnet, was erstaunt, denn noch während Jahren müssen alle Gäste ab Langwies zu Fuss nach Arosa hochsteigen. Erst 1890 wird die Poststrasse bis Arosa verlängert, und der Ort wird endlich mit der Postkutsche erreichbar, was ihn für ein viel breiteres Publikum erreichbar macht. Zählte die Gemeinde 1870 noch 60 Einwohner, stieg die Zahl bis 1900 auf 1071 und bis 1920 auf 2090 an. Noch 1885 gab es in Arosa ein einziges Kind im schulpflichtigen Alter, das nach Langwies geschickt wurde. Nur fünfzehn Jahre später unterrichten zwei Lehrer im Dorf 58 Kinder. 1889 erscheint ein erster Prospekt, ein vom Kurverein herausgegebener «Führer für die Fremden», der das aktuelle Hotelangebot zusammenfasst:

Seehof. Eigenthümer: Wieland. Eröffnet 1878. Höhenlage 1720 m. ü. M. In geschützter Lage am untern See gelegen. Front nach Süden. 17 Zimmer mit 30 Betten (2 mit Balcon). Zwei Gesellschaftszimmer, eine gedeckte Kegelbahn mit gedeckter Trinkhalle, Raum für 50–60 Personen. Wald mit ebenen Wegen ganz in der Nähe. Fischzuchtanstalt, Schiffli auf beiden Seen.

Pension Brunold. Eigenthümer: Gebrüder Brunold. Eröffnet 1879. Höhenlage 1830 m. ü. M. Im obern Theil von Arosa gelegen. Front gegen Südosten, vor dem Wind geschützt. Im Haus 10 Zimmer (darunter 3 grosse getäfelte), 5 sind heizbar. Im Gemeindeschulhaus, dicht daneben, 4 grosse Zimmer (zusammen 26 Betten). Zwei Gesellschaftsräume. Gedeckter Pavillon. Ist Sommer und Winter geöffnet.

Rothhorn. Eigenthümer: Jac. Schmid und S. Loretz. Eröffnet 1883. Höhenlage 1770 m. ü. M. Post- und Telegraphenbureau. Liegt auf einem Vorsprung gegen den unteren See. Breitseite nach Süden. Giebelseite nach Osten. Lage geschützt. 15 Zimmer (25 Betten), 2 Gesellschaftszimmer.

Kurhaus Arosa. Eigenthümerin: Frau Hold (Pächter: Olgiati). Eröffnet 1883. Höhenlage 1850 m. ü. M. Von Pension Brunold noch 5 Minuten thalaufwärts gelegen. Front nach Westen, lehnt sich mit der Rückseite an den Seitenbühl an. 22 Zimmer (36 Betten), 2 Veranden, verschiedene kleine Gesellschaftsräumlichkeiten. Wasser-Klosets. Für den Winter sollen 10 Zimmer eingerichtet und die grosse Veranda mit Glas gedeckt werden.

Waldhaus Arosa. Eigenthümer: Hold und Mettier. Eröffnet 1881. Höhenlage 1750 m. ü. M. Mitten im Wald an geschützter Stelle. Die eine Hauptfront liegt nach Südwesten mit Aussicht auf Wald und Berge; die andere liegt gegen den untern See. 30 Zim-

Waldhaus Arosa

Kurhaus Arosa

Hotel & Pension Seehof

Hof Arosa

Hotel & Pension Rothhorn

Pension Brunold

mer (50 Betten), 5 Balkons. Grosser Speisesaal, Damensalon, Restaurant, gedeckte Terrasse, gedeckte Kegelbahn, Pavillon, viele Sitzplätze beim Haus, im Wald und an dem 2 Minuten entfernten Hubelseeli.

Sanatorium Berghilf. Besitzer: Dr. Herwig und Frl. Herwig. Eröffnet 1888. Höhenlage 1860 m. ü. M. Oberhalb Pension Brunold am Abhange des Tschuggen gelegen. Front nach Süden. 23 Zimmer (34 Betten), alle heizbar. 3 Gesellschaftsräume, Corridore und Wasser-Klosets heizbar. Gedeckte Veranda. Sitzplatz auf dem Holzcementdach der Säle. Balkone vor 8 Südzimmern. Wasserleitung (warm und kalt) im ganzen Haus. 2 Bade-Kabinete mit Douche. Ausserdem befinden sich noch 4 heizbare Zimmer im Nebengebäude. Das Sanatorium ist das ganze Jahr hindurch geöffnet und dient zur Aufnahme von Kranken und Erholungsbedürftigen. Anstaltsleben.

Hof Arosa. Besitzer: Luzi Schmid-Brunold. Eröffnet 1888. Höhenlage 1750 m. ü. M. Zwischen Waldhaus und Rothorn gelegen. Front nach Südwest, die andere nach Nordost gegen den unteren See. 20 Zimmer (35 Betten), 6 Balkone und 1 Veranda, 3 Gesellschaftszimmer.

Villa Janssen. An dem Strässchen gelegen, das vom Rothorn zum Sanatorium hinaufführt, in sonniger, geschützter Lage. Der Besitzer, Dr. Janssen nimmt Sommer und Winter 3–4 Gäste auf. Derselbe erteilt Unterricht in Gymnasialfächern.
Die Gasthöfe und Pensionen sind im ganzen einfach, aber solide gebaut. Die Verpflegung ist gut, die Kost einfach und nahrhaft. Überall Quellwasser von bester Qualität. Ausgezeichnete Milch. Der Veltliner erreicht in dieser Höhe eine Güte wie selten im Unterlande.
Es wird in Zukunft auch höheren Anforderungen Rechnung getragen werden, indem in der «Kohlgrube» ein Etablissement errichtet werden wird, das mit allem Comfort und Luxus ausgestattet sein wird. Es bedeutet das in der Entwicklung des rasch aufblühenden Kurortes eine neue Phase. Während bis jetzt unter den Gästen eine gewisse Anspruchslosigkeit vorhanden war, wird dann auch der Verwöhnteste sich in Arosa heimisch fühlen können.

Eine Alphütte auf Maran war eine der ersten Herbergen in Arosa. Die einfache Alphütte nannte sich schon damals «Hof Maran». Im Laufe der Jahre wurde die Liegenschaft laufend vergrössert und modernisiert.

Ankunft der Postkutsche in Arosa. Bis zur Eröffnung der Chur–Arosa-Bahn im Jahr 1914 war Arosa nur mit Pferdefuhrwerken zu erreichen. Für Autos herrschte im Kanton Graubünden bis 1927 Fahrverbot.

Oft fürchtet man, die Pferde müssten sich den Kopf einrennen

Ein deutscher Tourist über die Kutschenfahrt und über die Freuden des Bergsommers

Ein Sachse namens Friedrich Ernst, von dem wir nicht viel wissen, ausser dass er aus der Gegend von Dresden stammt, ist im Jahr 1900 als junger Mann nach Arosa gereist. In einer kleinen Broschüre, die 1901 erschienen ist, beschreibt er Reise und Aufenthalt. «Der Arzt schickte mich hinauf in Bergesluft und Bergeslust, neue Lebenskraft und neuen Lebensmut zu holen», schreibt er im Vorwort zu seinem Text, der sehr schön den Alltag der Aroser Sommerfrischler in den ersten Jahren des Fremdenverkehrs schildert. In einigen Punkten irrt der Sachse: Die Bewohner des Schanfiggs sind keine Romanen, sondern Walser. In Castiel gibt es keine Schlossruine; wahrscheinlich meint Ernst die Burgruine von Calfreisen. Rüti ist eine früher gebräuchliche Bezeichnung für Litzirüti.

Oben: Die Postkutsche im letzten Anstieg vor Arosa. Die Fahrt von Chur nach Arosa dauerte rund sechs Stunden.

Rechts oben: Die Postkutsche talwärts fahrend bei Litzirüti. Rechts unten: Endstation war in den Anfangsjahren die Pension Brunold in Innerarosa, in der auch ein Postbüro eingerichtet war.

Zur Fahrt nach Arosa benutzte ich einen Retourwagen aus dem «Seehof», ein kleines, einsitziges Wägerle, vorn mit einem Hocksitz für den Kutscher. Es gewährte mir die Annehmlichkeit, allein fahren zu können, und allein wollte ich sein, wusste ich doch nicht, in was für störende Gesellschaft ich im Postwagen geraten konnte. Doch darin sollte ich getäuscht werden. Der Wagen wurde mir gemeldet und zugleich die Frage vorgelegt, ob ich nichts einzuwenden habe, wenn eine Dame mitführe. Es gehört längst zu meinen angenehmen Erinnerungen, für junge Damen geschwärmt zu haben, und daher weiss ich bis heut noch nicht, was mich zu erwidern drängte: «Ist die Dame noch jung?» Ohne die Antwort abzuwarten, überzeugte ich mich selbst, stieg ein und stellte mich ihr vor. «Parlez-vous français, Monsieur?», erwiderte sie. Die Dame war aus Bordeaux und verstand kein einziges Wort Deutsch, und mein Französisch konnte leider nicht hinreichen, mich mit ihr zu unterhalten, und der Weg nach Arosa ist weit, erst in sechs Stunden winkt das Ziel.

Die Natur war die beste Dolmetscherin. Wir verstanden uns, wenn wir schaudernd in die bodenlose Tiefe sahen, die sich die Plessur, das an Kraft unbändige Alpenkind, im Laufe der Zeit gegraben, wenn wir unter überhängenden Felsen dahinfuhren, über die mächtigen Erdrunsen, die kühn geschwungenen Brücken hinweg, oder wenn wir mitten in der Felsenwüste, einer lieblichen Oase gleich, in wonnig Grün gebettet, ein traulich Dörflein schimmern sahen. Die Strasse ist nur etwas über 3 m breit, geht zuerst von Westen nach Osten durch das Schanfigg und von da aus nach Süden ins Aroser Gebiet.

Die das Thal begrenzenden Gebirge weisen zahlreiche Einschnitte auf, so dass die dadurch gebildeten Bergrücken coulissenartig sich vorschieben und alle Augenblicke die Scenerie wechselt. Oft fürchtet man bei scharfen Biegungen, die Pferde müssten sich den Kopf einrennen, oft hebt man sich im Wagen, um hinauszuspringen, aber der Kutscher, ein Thurgauer, der den Hirtenschmuck, einen silbernen Ring, im Ohr trägt und es beim Militär bis zum Korporal gebracht hat, besänftigt durch seine Ruhe und Sicherheit die erregten Sinne. Wir erreichen Maladers, 1013 m hoch. Die Bewohner sind, wie im ganzen Schanfigg, Romanen mit ernstem Angesicht. Sie sind eben mit dem Heuen be-

schäftigt. Auf meinen Gruss sehen sie verwundert auf, und es ist, als wenn ein Sonnenblick über ihr ernstes Gesicht huschte.

Die Strasse führt nun, in Felsen sich bohrend, nach dem Calfreiser Tobel und überschreitet dasselbe in einer Bogenbrücke. Von oben herab stürzt brausend das Wasser. Gleich darauf fahren wir unter überhängenden Felsen an steilem Abgrunde hin. Wir kommen nach Castiel mit Schlossruine [siehe Seite 33]; tief unten rauscht die Plessur, nicht hoch über derselben liegt Passugg mit Sauerquelle, einem in Arosa sehr beliebten Tafelwasser. Wir kommen nach St. Peter, 1252 m hoch.

In vielen Windungen führt die Strasse nach Peist, 1336 m hoch, empor; hier ist die Grenze des Obst- und Getreidebaues. Die Strasse gelangt nun zu einer grossen Erdrunse, die mehr als 100 m breit ist und in welcher sich aus der Tiefe herauf sogenannte Erdtürme in bedeutender Höhe erheben, die auf ihrer Spitze verkrüppelte Tannen tragen.

Nun sind wir in Langwies, 1377 m hoch gelegen, mit alten Herrenhäusern, die mit Sprüchen bemalt sind, und einem steinernen Kirchlein. Mächtige Tannenwälder wechseln mit herrlichen Weidetriften ab. Wir sind am Ende des Schanfigger Thales, und man kann von hier aus auf sicherm Saumpfade, dem Strelapass, nach Frauenkirch und Davos pilgern.

Die Aroser Strasse aber wendet sich nach Süden, zuerst über den Sapünerbach, und überschreitet darauf das erste Mal die junge Plessur. Wir sind in Rüti, 1466 m; links erblickt man einen prächtigen Wasserfall. Es beginnt zu dämmern. Die Französin und ich sehnen uns nach dem Ziele; in einem fort fragen wir den Kutscher, ob wir noch weit haben; der geht neben dem Wagen her, treibt das Pferd an und führt uns immer höher hinauf.

In zwei mächtigen Kehren steigt die Strasse bis an ihr Ende noch 320 m. Nach einer Stunde erblicken wir zurückschauend tief unter uns die braunen Hütten des Rüti. Heilige Stille rings her, dass das Brausen in der Tiefe nur noch gewaltiger erscheint. Unter mir die Welt und über mir der Himmel, aus dem sich die Abendwolken niedersenken, stehe ich am Fusse der Unendlichkeit. Nun ist die Höhe erreicht. Und da geschieht etwas Wunderbares. Der Wind zerreisst die Wolken, dass sie zerfetzt an den Bergen niederfallen, das Mondlicht flutet wie Silber daher, in ruhigem Glanze erstrahlen die Sterne und heraus wallen all die schneeigen Häupter und Spitzen wie Majestäten, die sich dem Volke zeigen. Und da liegt Arosa inmitten grauer Felsenhäupter, still und geborgen wie ein heiliger Gottesfrieden.

Bald ist der Seehof erreicht. Hier ist eben das Nachtessen vorüber, und die Gäste lustwandeln; neugierig sehen sie uns dem Wagen entsteigen. Ich muss dem Portier nur immer wehren, unser Gepäck auf ein Zimmer zu schaffen, hält man uns doch begreiflicher Weise für ein Ehepaar, vielleicht auch für etwas Ähnliches; freie Liebe soll sich ja oft zu ungestörtem Genusse in die Schweiz flüchten. Beim Souper treffe ich mit meiner Reisegefährtin wieder zusammen; sie ist nun auch meine Tischdame. Der Speisesaal erstrahlt im elektrischen Lichte, das, durch die Kraft der jungen Plessur erzeugt, den ganzen Ort erhellt. Der Saal ist mit Arvenholz getäfelt und mit Aroser Landschaften al fresco geschmückt. Auf der Tafel prangt ein Busch Alpenrosen. Gute Nacht!

Das Schanfigg aus der Vogelschau. Die Postkutsche benutzte das gleiche Trassee wie die heutige Strasse. Die Karte stammt aus der Zeit nach dem Bau der Bahn um 1920.

Am anderen Morgen ist herrliches Wetter. Durch die Tannen vor mir blickt der liebliche, grüne Untersee; in feuchtverklärtem Glanze spiegeln sich die Berge und blumigen Matten am Ufer, und die Gondeln schaukeln sich im leichten Wellenspiel. Die andern Hotels und Pensionen liegen zumeist am Rande der Seegrube, an den waldigen Abhängen des Tschuggens, zwischen Fichten und Tannen zerstreut, auf freier Höhe mit der Front nach Süden. Das eigentliche Dörfchen aber liegt am oberen Ende des Thales und über der Waldgrenze. In grünen Matten liegen dort die verschwärzten Holzhäuser mit den Galerieen und Fenstergesimsen, auf denen prächtige Nelken träumerisch nicken, und, die Hütten überragend, steht, diese segnend und schirmend, das weisse Kirchlein. Und dieses Idyll ist umrahmt von einem Kranze hoher Berge, die schroff und arg zerrissen aufsteigen und so nahe liegen, dass man sie mit den Händen greifen möchte. Seehöfler Gäste kommen aus den Alpenrosen zurück, einen mächtigen Busch dieses lieblichen Bergschmucks in Händen tragend. Nachmittags ging ich in die Plessurschlucht. Hier blühten Dryaden mit den weissen, leuchtenden Sternen, den Anemonen ähnliche Gletscherpflanzen, Enzianen mit ihrem tiefen Blau, weit oben aber in der Felswüste Alpenrosen.

Nun ist es Sonntag. Reiner, tief blauer Himmel strahlt hernieder und spiegelt sich samt den Bergen und Wäldern im Seeli. Das Geläut der Herdenglocken tönt herüber, fern braust die Plessur. Die Aroser pilgern zum Kirchlein auf der Höhe von 1892 Metern. Es stammt noch aus dem 15. Jahrhundert und fasst kaum sechzig Menschen. Des Glöckleins traulich Klingen erleichterte mir, ans Steigen in solcher Höhe noch nicht gewöhnt, den steilen

Der «Seehof» warb um die Jahrhundertwende mit diesem Prospekt. Friedrich Ernst logierte in dieser Zeit im «Seehof».

sonnigen Weg. Kein Platz war mehr im Gotteshaus, und einige standen in der schützenden Vorhalle oder sassen auf der Holzbank vor der Thür, andere lehnten an den Fenstern, das Gesangbuch in den Händen, und lauschten der einfachen und ergreifenden Predigt über «Sorget nicht!». Ums Kirchlein her liegt der kleine Gottesacker. Er birgt wenig Einheimische, mehr Auswärtige. So manches junge Leben aus weiter Welt, das der Tod geknickt, so mancher Jugendtraum und manch gebrochenes Glück ruht hier im stillen Gottesgärtlein in sel'gem Frieden. Ringsum die grünen und blumigen Matten, in goldnem Sonnenlichte die funkelnden Bergeshäupter und darüber der azurne Himmel, so klar und rein, wie das Auge Gottes selber, als vermochte er Antwort auf das «Warum?» manch armen Menschenherzens zu geben. O, es liegt kein modernder Hauch über diesen Gräbern, diesem Arosa für sich, frischer Bergwind duldet es nicht, und getrost, das Herz voll fröhlicher Hoffnung, steige ich zum Dörflein nieder.

Da finde ich eben eine der herrlichen Orchideen mit karmesinroter, gedrungner Blütenähre und köstlichem Duft, von den Schweizern Männertreu genannt. Marie, die Kellnerin, meint schalkhaft, das seien nur Blumen, in Wirklichkeit gäbe es keine Männertreu. Und eine lustige Schweizerin, die draussen einen ganzen Busch derselben mit Alpenrosen zum «Sträussle» vereinte, meint, ihrem Alten kratze sie die Augen aus, wenn er ihr nicht treu bliebe. Feurig Blut, diese Schweizerin vom Zürichsee. Ob das vom Weine kommt, der dort so herrlich die Ufergelände schmückt? Immer gleich kratzen – keine Rose ohne Dornen!

Das Wetter ist umgeschlagen; tief hängen die Wolken bis zum See herunter. Das Thermometer zeigt nur acht Grad. Die Herden steigen thalwärts. In den Gasträumen wird geheizt. Wir kegeln, musizieren, lesen und schreiben Briefe. Endlich, am dritten Tage, löst sich das dichte Gewölk auf; die Sonne tritt siegend hervor und beleuchtet die Berge in ihrem neuen Schneemantel, die dunkelgrünen Wälder und lieblichen Matten. Das Thermometer zeigt jetzt wieder dreissig Grad. Unser Wirt steigt zur Alp hinauf, um nachzusehen, ob sein Gras erfroren sei. Wir gehen nach dem nahen Obersee und steigen von dort durch frischen Bergwald nach dem Hirtenweiler Maran empor. Dem Gebirgskranze sieht man hier die Churer und Prättigauer Alpen neu eingefügt. An den alten, wettergebräunten Hütten ist das Bündnerwappen. In träumerischer Stille, an den grünen Hang geschmiegt, ist die Alphütte Wassali, einer Familie aus altem Bündner Geschlecht gehörend. Die freundliche Besitzerin, Frau Stadtpräsident aus Chur, ist mit ihrer Tochter zur Sommerfrische in ihre Heimstätte heraufgekommen. Sie führt uns in die gastliche

Schön gestaltete Postkarten (diese wurde im Jahr 1901 geschrieben) trugen den Ruf Arosas als Höhenkurort in die Welt.

Hütte. Zuerst kommen wir in die Küche, wo über dem lustigen Herdfeuer an Ketten der Kochtopf hängt, und dann ins heimliche Stübchen. Dies ist mit Holz getäfelt, worin unter dem Gesims ein Bibelspruch eingeschnitzt ist. In der Ecke steht der aus Backsteinen gemauerte, weissgetünchte Ofen, und so bequem, dass man sich bei grosser Kälte darauf setzen kann.

Am nächsten Tag führte uns ein taufrischer Morgen nach dem Schwellisee, zu dem man über Inner-Arosa emporsteigt. Und nun, da wir die Höhe erreicht haben, liegt er tief unter uns, blau und durchsichtig wie ein Edelstein, wie Himmelsblau, das herabgefallen in grüne Matten und Alpenrosen. Im Seichten steht eine Rinderherde, deren Geläut lieblich zu uns heraufklingt. Des Sees Hintergrund aber bilden die ehrwürdigen Häupter des Rothorns und der Erzhörner mit tiefdurchfurchtem Angesicht, von deren Schneewasser das liebliche Kind mit den blauen Wunderaugen gespeist wird. Wir legen uns am Abhange ins schwellende Gras, in welches kleine Enziansternchen eingesteckt sind, ach, diese Sternchen, wer sie gesehen, vergisst sie nie, und Alpenrosen, Männertreu und jenes kleine Chrysanthemum mit zartem, weissen Strahlenkranze, das die Schweizer besonders lieben und Margarith nennen.

Am Nachmittag sind wir wieder in Arosa. Gut, dass wir dem schützenden Obdach nahe sind, denn der Himmel wird ganz schwarz. Es läutet eben zum Diner. Es wird ganz dunkel im Saale und draussen immer unheimlicher. Unser junger Wirt eilt hinaus, sein Heu auf der Seewiese zu bergen, wobei wir ihm behilflich sind. Kaum, dass wir damit fertig sind, rast auch schon der Sturm daher, Blitze zucken hernieder, Donner stürzen krachend nach und wecken unaufhörlich Echo in den

Salon und Speisesaal des Hotels Seehof strahlten eine mondäne Eleganz aus. Aus einem Prospekt um die Jahrhundertwende.

Bergen. Schwere Tropfen fallen nieder, ihnen folgt Hagel, der in grauen Strichen das Thal durchzieht und an die Fensterscheiben prasselt. Die Seehoftannen ächzen und stöhnen unter der Gewalt des Sturmes. Dem Hagel ist unterdessen Schneetreiben gefolgt. Es ist ein greuliches Wetter. Endlich legt sich der Aufruhr. Die Wolken teilen sich, die Sonne schaut hervor. Ein herrlicher Regenbogen! Auf dem Untersee sich wölbend, umschliesst er Schiesshorn und Furka mit kostbarem Rahmen, und der grüne Wald schimmert in seinem siebenstrahligen Wunderglanze.

Am Morgen liegt Arosa im Schnee, die Wiesen sind weiss. Abreisenden Seehöflern werden Schneebälle als letzte Grüsse von den Freunden nachgesandt. Bis Mittag hat die Sonne den Schnee weggeschmolzen, und nur die Berge prangen noch im weissen, grünverbrämten Kleide. Die Matten schimmern im Sonnenglanz, der Himmel strahlt in fleckenloser Reine. Arosa ruht im Sabbathsfrieden.

Seit zwei Tagen ist einer meiner Bekannten aus dem Seehof und mit ihm ein alter Pfarrer verschwunden. Sie gaben drei lustigen Churerinnen auf ihrem Heimwege das Geleit, wollten mit ihnen bis auf die Ochsenalp und am Mittage wieder zurück sein. Wir ergehen uns in allerlei Befürchtungen, bis heut früh endlich der junge Herr allein zurückkommt und zwar aus dem Welschtobel, der Churer Richtung ganz entgegengesetzt. Und nun erfahren wir, «die höllische Lieb» natürlich, die Liebe zu dem fidelen Kleeblättchen, hat beide bis nach Chur hinabgezogen. Von dort sind sie am andern Morgen nach Thusis gefahren, um von da aus über den Albula, die Lenzerheide und das Aroser Rothorn nach hier zurückzukehren, aber beim Abstiege von letzterem ins Welschtobel von der Dunkelheit überrascht worden. Die Gefährlichkeit des Weges, Müdigkeit und Hunger zwangen sie, im Freien zu übernachten, da sie auch die Schutzhütte, die der Rhätische Alpenklub hier errichtet hat, nicht zu finden vermochten. Und die Nacht im Welschtobel ist sehr kühl, und sie waren ohne Schutz. Dort liegt nun der alte sechzigjährige Pfarrer hungernd und frierend. Die Wirtin schickt ihm Brot und Wein zur Stärkung, und endlich kommt er zurück. Wie aber sieht er aus! Mein Bekannter erzählt, es sei eine überwältigende

Der «Seehof» war 1878 eine der ersten Herbergen in Arosa. Oben: An das Walserhaus mit einem Stall wurde 1880 ein Saal angebaut (der helle Gebäudeteil). 1893 wurde auf der andern Gebäudeseite ein Neubau erstellt, der 1905 nochmals erweitert wurde. Dieser Neubau wurde am 20. Februar 1913 durch einen Brand zerstört und ein Jahr später neu aufgebaut. Das sehenswerte Walserhaus mit der gemütlichsten Gaststube Arosas und der Saalbau stehen heute noch in ihrer ursprünglichen Form.

Nacht gewesen. Im tiefen Schatten der Berge, in Alpenrosen gebettet, hart am Abgrunde der wildrauschenden Plessur, über sich die stille erhabene Sternenwelt, das Auge Gottes, fühlte sich ihr Herz ganz in seinen Schoss geschmiegt. Es ist ihnen nichts geschehen; jetzt eben sind wir wieder zusammen draussen auf der Veranda und schauen in die schöne Nacht hinaus, empor zu den freundlichen Sternen und hinüber zum Monde, der eben in silbernem Glanze über dem Rothorn untergeht.

Heute in aller Frühe den Bergstock zur Hand und dem Schafrücken zu. Soll er doch Blumenfreunden eine Fülle des Seltnen und Schönen bieten, besonders schimmernde Edelweisssterne, womit er wie übersät sein soll. Der Weg führte uns zuerst durchs Welschtobel, von wo der Berg jäh aufsteigt. Das junge Volk, voran die Damen, stieg munter vorwärts; es wurde immer steiler, und das Herz klopfte mir bis in den Hals hinauf. Aber endlich hatten wir die erste Höhe des Berges erreicht. Welche Blumenpracht! Welches Leben hier oben zwischen den Felsen! Schwer ihr Kampf ums Dasein! Und doch ein Blühen! Wie schimmernde Edelsteine den Felsen eingestreut sind all die herzigen Dinger: Vergissmeinnicht, Veilchen, Enzian, Silene und Edelweiss. Eine fröhliche Kinderschar im Sonnenlicht und Himmelsblau, treulich gehütet von freundlichen Alpenfeen! Die felsigen Hörner zur Seite bannen den Blick auf die Alpenkette, desto lieblicher schaut Arosa zu uns herauf. Besorgte Mütter, die uns durchs Fernglas erspäht haben, winken mit den Taschentüchern. Vom Schiesshorn herüber juchzt die dahin aufgebrochene Gesellschaft. Nun geht es weiter den Grat hinauf, der immer schmaler wird, dass man rechts und links die wildzerrissnen Felshänge hinunterblicken muss. Wie kommt man sich doch da so nichtig vor, noch nichtiger als ein Grashälmchen, das, hier festgewurzelt, tobenden Wetterstürmen trotzig widersteht. Nun lagern wir auf der Spitze und stärken uns an Thee und Wein und luftgedörrtem Bündnerfleisch zum Abstiege. Dieser erfolgte durch einen Kamin, die Mittagslücke. Neues Gruseln, da wir anfangs den Stock nicht gebrauchen konnten und rutschen mussten, was wegen des Steinschlages nicht ungefährlich war. Im Geröll ging es weiter, das wie Bäche vor uns thalwärts sprang. Und nun, sicheren Grund unter den Füssen, kam uns auch wieder die Lustigkeit, wir schneeballten uns, und in solcher fidelen Stimmung langten wir am Mittag wieder glücklich, mit Alpenrosen geschmückt, im Seehof an.

Im Zauber eines herrlichen Morgens stieg ich zum Älplisee empor. Die Berge glänzten in feinen Silbertönen, die Matten im Gefunkel der Tautropfen. Von den Alpen herab begegneten mir die Sennen, welche die Milch ins Thal trugen. Hinter den braunen Hütten Inner-Arosas stieg ich unter dem Frühläuten der weidenden Herden zur «Egga» empor. Unter mir liegt der liebliche Schwellisee, über dem hoch oben, einsam und allein auf «rauhen Matten» eine Arve steht. All ihre Genossen sind im Kampfe mit den feindlichen Naturgewalten dahingesunken, nur sie allein ist übrig geblieben, ihnen Trotz bietend, bis auch sie einst ein Wettersturm zu Boden streckt. Herzige Blumenaugen schauen freundlich zu der Einsamen auf. Lustig grüssend eilt ein Bächlein, über die Steine springend, an ihr vorüber, um drunten im klaren Bergsee in blaue Flut zu tauchen. Schon mancher müde Wanderer warf sich

Einheimische führten die Sommertouristen schon in den frühen Jahren des Tourismus auf Bergtouren. Hier Gäste des Davoser Kurhauses Schatzalp in der Gegend des Hohen Tritt zwischen Davos und Arosa.

in ihrem Schatten nieder. Weiter oben im Felsgestein auf grünen Polstern blühen rosa- und dunkelrote Silenen. Überwältigt wird man, wenn man die letzte Höhe erreicht hat. Da liegt im Schosse rotleuchtender, zerrissner, zackiger Hörner der wildschöne See. Die blauen Wellen glitzern im Sonnenlichte. Tiefe Stille, kein Laut regt sich!

Weiter oben am farbenschönen Älplihorn vorbei traf ich einen Mann, der an einer Schutzhütte für die Hirten ausbesserte, er war aus Vorarlberg. An den Kalkfelsen des Tschirpen kletterte ich, nach Edelweiss suchend herum. Da begegnete mir ein junger Mensch, der mit seinem dünnen Spazierstöckchen die Wildschroffen hinanklimmte. Es schien ein Deutscher zu sein. Ich warnte ihn, da beruhigte er mich mit mutigem Blick und entschwand über einem Abgrunde. Auf dem Rückwege traf ich den Tiroler beim Wärmen der Milchsuppe, seinem Mittagsmahle. Die Flammen leckten bald da, bald dort an dem dreibeinigen Tiegel empor und warfen manche Russflocke mit hinein. Hütebuben standen dabei, den kecken Hut auf dem dunklen Kraushaar, die Hände in den Taschen vergraben, die Peitsche unter den Arm gequetscht, und erwarteten heisshungrig die Mahlzeit. Gern hätte auch ich mich zu Gaste gebeten. Die jungen mochten es merken und der Alte auch. Der zeigte nach dem aufziehenden Gewölk und meinte: «S steigt a Wetter uff!» Damit brachte er mich von seinem Tiegel fort und hinunter ins Thal. Im Seehofe sass man schon beim Nachtisch. Die besorgte Wirtin hatte schon oft nach mir ausgeschaut.

Draussen senkt sich Arosas Abendfrieden hernieder, der Mond und die Sterne beleuchten mit ihrem Silberlicht Berg und Thal, und der Nachtwind rauscht durch die Tannen. Ihr ernstes Wehen klingt mir wie ein Abschiedslied.

Der Österreichische Rundfunk ORF inszenierte vor wenigen Jahren die Überquerung der Maienfelder Furka für einen Fernsehfilm. In der Bildmitte der Conan-Doyle-Darsteller, begleitet von den beiden Arosern Ruedi Homberger (links) und Peter Meisser, die die Brüder Branger spielten.

Gleithölzer aus Ulmenholz, 8 Fuss lang und 4 Zoll breit

Sherlock-Holmes-Erfinder Conan Doyle überquert 1894 die Maienfelder Furka von Davos nach Arosa

Sir Arthur Conan Doyle (1859–1930), der Erfinder des unsterblichen Detektivgespanns Sherlock Holmes und Doctor Watson, war in der Pionierzeit des Fremdenverkehrs oft in der Schweiz. Bekannt ist seine Beziehung zum Berner Oberland. Als er seines Helden Sherlock Holmes überdrüssig war, liess er ihn am Reichenbachfall bei Meiringen zusammen mit seinem Todfeind Professor Moriarty in den Abgrund stürzen.

Wegen eines Kuraufenthalts seiner Frau weilte Doyle 1893/94 zwei Jahre in Davos. Dort führte er, so wird gesagt, den Golfsport ein. Und er war auch einer der allerersten Skifahrer. Die Davoser Gebrüder Tobias und Johann Branger hatten 1889 erstmals Ski aus Norwegen importiert und am Bolgenhang gelernt, damit umzugehen. Im März 1893 unternahmen sie die erste grosse Skitour über die 2440 Meter hohe Maienfelder Furka, die Conan Doyle in seinem Text einfach als «Furka» bezeichnet, nach Arosa. Arthur Conan Doyle, der zuvor Fritjof Nansens Buch über die Durchquerung Grönlands auf Ski gelesen hatte, hörte von der Leistung der Branger-Brüder und wollte es ihnen unbedingt nachtun. Er engagierte sie als Skilehrer, und nach wochenlangem Üben machten sich die drei im Winter 1894 auf den Weg nach Arosa.

Der damals 35-jährige Conan Doyle beschrieb die Überquerung 1894 in der englischen Zeitschrift «Strand Magazine»; sein Text trug viel dazu bei, dass Skifahren und Winterferien in der Schweiz in der englischen Oberschicht populär wurden.

Oben: Ziel der Sherlock-Holmes-Tour war 1894 die Gaststube des Hotels Seehof. Hier drehte der ORF. Conan Doyle sitzt rechts im Bild am Tisch.

Rechte Seite: Die Reportage von Conan Doyle, die 1894 im verbreiteten englischen Zeitschrift «Strand Magazine» erschien, trug viel dazu bei, dass Skisport in der Schweiz für Engländer populär wurde.

Von aussen betrachtet, sehen Ski nicht besonders bösartig aus. Es sind zwei Gleithölzer aus Ulmenholz, 8 Fuss lang, 4 Zoll breit, mit einem eckigen Hinterteil, einer nach oben gerichteten Spitze und in der Mitte Riemen, mit denen die Ski an den Füssen befestigt werden. Wenn man sie anschaut, würde niemand vermuten, welche Möglichkeiten darin versteckt sind. Aber wenn du sie anziehst und dich nur kurz umdrehst, um zu schauen, ob deine Freunde dich ansehen, da liegst du schon mit dem Kopf voran im Schnee, verzweifelt mit den Beinen rudernd. Und wenn du meinst, du hättest es geschafft, wieder aufzustehen, liegst du schon wieder im Schnee, und deine Freunde werden sich mit dir besser amüsieren, als sie je gedacht hätten.

So ist es am Anfang. Natürlich erwartest du, dass der Ärger weitergeht, und du wirst nicht enttäuscht werden. Aber mit der Zeit wird es ein bisschen komplizierter. Ski sind sehr launisch. An einem Tag kann nichts falsch gehen. Am nächsten, bei gleichem Wetter und gleichem Schnee, geht gar nichts. Du stehst oben an einem schönen Hang, du stellst dich auf eine Schussfahrt ein und lehnst nach vorne – doch die Ski kleben fest, und schon liegst du mit dem Gesicht voran im Schnee. Oder du stehst in einer Ebene, die so flach scheint wie ein Billardtisch, und dann beginnen die Ski plötzlich zu laufen, ohne Grund und ohne Warnung, und du liegst auf dem Rücken und schaust in den Himmel. Wer sehr viel Wert auf Würde legt, sollte es deshalb eher mit norwegischen Schneeschuhen versuchen.

Wenn du denkst, dass du jetzt dann gleich stürzest, bleibst du oben. Und wenn du dich absolut sicher fühlst, liegst du im nächsten Moment im Schnee. Wenn du im Zickzack einen eisig gefrorenen Steilhang aufsteigst, der eine Steigung von 75 Prozent hat, und du musst die Ski seitlich in den Schnee hauen, und du denkst, wenn sich jetzt nur schon eine Mücke auf mich setzen will, wird mich ihr Gewicht hinabstürzen lassen – dann passiert nichts, und du kommst sicher oben an.

All das ist in den frühen Phasen des Skifahrens. Du lernst, geradeaus zu gehen, im Zickzack oder wie ein Krebs den Hang hinaufzugehen. Du lernst, wieder herunterzugleiten, ohne das Gleichgewicht zu verlieren, und vor allem lernst du, mit Leichtigkeit zu wenden. Deine Freunde denken, wenn sie dich das erste Mal wenden sehen, das sei zu deinem Spass. Die langen Ski, die in der Luft herumfuchteln – das sieht wirklich komisch aus, wie ein ausgelassener Negertanz. Aber diese Art des Wendens muss man unbedingt beherrschen. Nur so ist es möglich, an einem steilen Hang zu wenden, ohne abzurutschen.

Vorausgesetzt, dass ein Mann Ausdauer und einen Monat Zeit hat, um diese An-

An Alpine Pass on "Ski."

By A. Conan Doyle.

THERE is nothing peculiarly malignant in the appearance of a pair of "ski." They are two slips of elm-wood, 8ft. long, 4in. broad, with a square heel, turned-up toes, and straps the centre to secure your feet. No one to k at them would guess at the possibilities ch lurk in them. But you put them on, you turn with a smile to see whether r friends are looking at you, and then the t moment you are boring your head madly a snow-bank, and kicking frantically n both feet, and half rising only to butt ously into that snow-bank again, and r friends are getting more entertainment n they had ever thought you capable of ing.

'his is when you are beginning. You urally expect trouble then, and you are likely to be disappointed. But as you on a little the thing becomes more zating. The "ski" are the most capricious ngs upon earth. One day you cannot go ng with them. On another, with the same ther and the same snow, you cannot go t. And it is when you least expect it things begin to happen. You stand on crown of a slope and you adjust your ly for a rapid slide, but your "ski" stick ionless, and over you ipon your face. Or stand upon a plateau ch seems to you to as level as a billiard-e, and in an instant, out cause or warn- away they shoot, you are left behind ing at the sky. For an who suffers from much dignity, a rse of Norwegian v-shoes would have ie moral effect. Vhenever you brace rself for a fall it er comes off. When- you think yourself olutely secure it is all with you. You e to a hard ice slope n angle of 75deg. and zig-zag up it, digging

DR. CONAN DOYLE ON "SKI."

the side of your "ski" into it, and feeling that if a mosquito settles upon you you are gone. But nothing ever happens, and you reach the top in safety. Then you stop upon the level to congratulate your companion, and you have just time to say, "What a lovely view is this!" when you find yourself standing on your two shoulder-blades, with your "ski" tied tightly round your neck. Or, again, you may have had a long outing without any misfortune at all, and as you shuffle back along the road, you stop for an instant to tell a group in the hotel veranda how well you are getting on. Something happens—and they suddenly find that their congratulations are addressed to the soles of your "ski." Then, if your mouth is not full of snow, you find yourself muttering the names of a few Swiss villages to relieve your feelings. "Ragatz!" is a very handy word, and may save a scandal.

But all this is in the early stage of "ski"-ing. You have to shuffle along the level, to zig-zag or move crab fashion up the hills, to slide down without losing your balance, and, above all, to turn with facility. The first time you try to turn, your friends think it is part of your fun. The great "ski" flapping in the air has the queerest appearance, like an exaggerated nigger dance. But this sudden whish round

Conan Doyle (rechts, mit Stock und Schnurrbart) in Davos. Die Frau in der Mitte ist wahrscheinlich Doyles Frau, die während fast zwei Jahren in Davos zur Kur war.

fangsschwierigkeiten zu meistern, wird er bald merken, dass Skifahren ein ganz einzigartiger Sport ist. Das haben noch nicht viele erkannt, aber ich denke, dass eine Zeit kommen wird, in der Hunderte von Engländern in der Skisaison im März und im April in die Schweizer Berge kommen werden. Ich denke, ich kann für mich beanspruchen, dass ich (ausser zwei Schweizern) der Erste bin, der auf Ski in den Bergen war. Aber ich bin sicher, dass Tausende mir folgen werden.

Tatsächlich ist es im Winter leichter als im Sommer, einen normalen Berggipfel zu besteigen oder einen der höheren Pässe zu überqueren, wenn das Wetter anständig ist. Im Sommer muss man nicht nur hinauf-, sondern auch wieder hinunterklettern, was ebenso ermüdend ist. Im Winter ist die Mühe nur halb so gross, weil du mit den Ski hinunterfahren kannst. Wenn der Schnee einigermassen fest ist, ist es auch viel einfacher, im Zickzack mit den Ski aufzusteigen, als im Sommer in der Hitze über Felsbrocken hinaufzukraxeln. Die Temperatur ist im Winter für Sport viel besser geeignet. Was gibt es Angenehmeres als die kalte, frische Luft der Berge? Natürlich ist eine Brille nötig, um die Augen vor dem grellen Leuchten des Schnees zu schützen.

Unser Vorhaben war es, die Berge im Winter von Davos nach Arosa zu überqueren, über den Furka-Pass, der 9000 Fuss [2440 m] hoch ist. Die Distanz ist in der Luftlinie nur 12 bis 14 Meilen [24 km]. Aber diese Überquerung ist bis jetzt erst einmal gemacht worden, im letzten Jahr durch die Gebrüder Branger. Sie haben mich bei meiner Expedition begleitet, und man kann sich als Neuling wie ich keine vertrauenswürdigere Führer vorstellen als sie. Beide sind Männer mit beträchtlicher Ausdauer, und nicht einmal meine mühsamen Versuche, Deutsch zu sprechen, hat sie ausser Atem gebracht.

Die 2440 Meter hohe Maienfelder Furka (links der Bildmitte) ist der direkteste Übergang von Davos nach Arosa. Aufnahme um 1901.

Wir standen am Morgen vor vier Uhr auf und waren um halb fünf unterwegs nach dem Dorf Frauenkirch, von wo wir unseren Aufstieg begannen. Ein grosser, bleicher Mond stand am violetten Himmel, der mit Sternen übersät war, wie man sie nur in den Tropen oder in den hohen Alpen sehen kann. Um Viertel nach fünf bogen wir von der Strasse ab und begannen, uns den Hang hinaufzumühen, abwechselnd über Böschungen von letztjährigem Gras und über Schneefelder. Wir trugen unsere Ski auf den Schultern und die Skischuhe um den Hals. Denn es war besser, zu Fuss zu gehen, dort, wo der Schnee hart war. Und überall dort, wo tagsüber die Sonne draufscheint, war er hart. Manchmal, in einer schattigen Mulde, versanken wir bis zu den Hüften im Schnee. Aber insgesamt war es nicht sehr schwer, und da unser Weg meist durch Fichtenwald führte, wäre es mühselig gewesen, die Ski zu benutzen. Nach halb sechs war dieser lange Anstieg geschafft. Wir kamen aus dem Wald und passierten kurz darauf einen hölzernen Kuhstall. Das sollte das letzte Zeichen der Zivilisation bleiben, bis wir in Arosa ankamen.

Da der Schnee immer noch so hart war, dass unsere Schuhe darauf guten Griff hatten, kamen wir rasch vorwärts über weite, ansteigende Schneefelder. Etwas später stieg die Sonne über die Berge hinter uns und tauchte die Schneefelder vor uns in blendendes Licht.

Wir arbeiteten uns dem Hang entlang vor bis zu einer Senke, und als der Berg wieder anstieg, war der Schnee weich wie Pulver und so tief, dass wir mit den Skistöcken den Boden erreichen konnten. Hier endlich zogen wir unsere Ski an und strebten im Zickzack der langen, weissen Flanke des Bergs entlang nach oben. Dort machten wir Pause. Sie sind nützlich, diese Ski. Wir zogen sie an, als der Schnee wieder hart genug war, um uns zu tragen. Und oben dienten sie uns als komfortable Sitzunterlage, von der aus wir ein ganzes Panorama von Bergen bestaunten. Keine Angst, geschätzter Leser, ich werde sie jetzt nicht aufzählen. Ich habe ihre Namen nämlich alle wieder vergessen.

Der Schnee wurde jetzt unter der Sonneneinstrahlung schnell weich, und ohne unsere Ski wären wir nicht weitergekommen. Wir stiegen entlang der steilen Talflanke auf, den Furka-Pass ein gutes Stück

Als Conan Doyle 1894 im «Seehof» Halt machte, war das Hotel gerade um den Neubau erweitert worden.

vor uns erblickend. Der Schneehang hatte hier einen Neigungswinkel von 50 bis 60 Grad, und unter uns ging er in freien Fall über. Ein Sturz oder ein Ausrutscher hätte ernste Folgen gehabt. Auf der halben Meile, die wirklich gefährlich war, gingen meine zwei erfahreneren Begleiter unter mir. Dann kamen wir in einen Teil des Hanges, wo ein Sturz harmlos geblieben wäre. Und nun folgte der vergnügliche Teil des Skilaufens. Bis jetzt waren wir so schnell vorwärts gekommen wie mit Schuhen, aber auf einem Untergrund, auf dem wir mit Schuhen verloren gewesen wären. Doch nun begann ein Vergnügen, wie es nur mit Ski möglich ist. Den Drittel einer Meile glitten wir über sanfte Hügel, überflogen die Schneefelder, ohne unsere Füsse bewegen zu müssen. Eine grosse, unbetretene Ausweitung des Tales, auf allen Seiten Schneefelder, so weit das Auge reichte. Keine Hinweise auf Leben ausser der Spuren von Gämsen und Füchsen. Es war grossartig, auf diese leichte Art durch diese Landschaft zu gleiten. Am Ende des Hangs brachte uns ein kurzer Zickzackaufstieg um halb neun auf die Passhöhe. Und nun sahen wir die kleinen Spielzeug-Hotels von Arosa zwischen den Tannenwäldern, mehrere Tausend Fuss unter uns.

Jetzt konnten wir wieder etwa eine halbe Meile gleiten, die Skistöcke hinter uns herziehend. Ich dachte, wir hätten das Schwierigste hinter uns und könnten uns nun einfach auf unseren Ski zu unserm Ziel tragen lassen. Aber wir hatten die schwerste Stelle noch vor uns. Der Hang unter uns wurde steiler und steiler, bis er schliesslich in einen Abgrund überging. Nun bewiesen unsere Ski, dass sie zu noch mehr nützlich sind. Die Branger-Brüder waren beide der Ansicht, dass die Stelle zu schwierig war, um sie mit den Ski an unseren Füssen zu überwinden. Mir schien, dass uns nur ein Fallschirm weiterhelfen könnte. Doch dann tat ich, was meine Begleiter vormachten: Sie zogen die Ski aus, banden sie zusammen und verwandelten sie in einen ziemlich unförmigen Schlitten. Wir setzten uns darauf, bremsten mit den Absätzen unserer Schuhe und mit dem Stock, den wir hinter uns in den Schnee drückten. So nahmen wir das steilste Stück des Abstiegs in Angriff. Ich denke, dass auch meine Begleiter Angst hatten. Aber ich hatte selbst so viele Probleme, dass ich keine Zeit hatte, mich darum zu kümmern. Ich versuchte, einigermassen die Richtung zu halten, indem ich mit dem Stock steuerte. Ich versuchte mit meinen Absätzen zu bremsen, doch meine Beine wurden nach hinten gerissen. Und plötzlich schossen meine zwei zusammengebundenen Ski wie ein Pfeil davon, rasten an den beiden Bangers vorbei und verschwanden über die nächste Kante in den Abgrund.

Der Verlust der Ski hätte im oberen Schneefeld, wo der Schnee 20 bis 30 Fuss

Conan Doyle und seine Gefährten benutzten noch keine Stöcke, sondern einen langen Stecken als Führungshilfe.

[5 bis 8 m] tief liegt, gravierende Folgen gehabt. Aber hier konnte sich der Schnee wegen der Steilheit des Geländes zum Glück nicht auftürmen. So suchte ich meinen Weg abwärts auf meine Art. Mein Schneider sagt mir, dass Harris Tweed sich nicht abnutzen kann, aber im wissenschaftlichen Test zeigte sich, dass seine Theorie nicht stimmt: Er kann die Fetzen seines Anzugs zwischen Furka-Pass und Arosa besichtigen. Ich meinerseits versuchte für den Rest des Tages, mich entlang der Wände zu bewegen …

Wie auch immer, ausser dass sich einer der Brangers beim Abstieg das Fussgelenk verstauchte, ging alles gut, und wir kamen in Arosa um halb zwölf an. Damit hatte unsere Tour genau sieben Stunden gedauert. Die Bewohner von Arosa, die wussten, dass wir kommen, hatten ausgerechnet, dass wir nicht vor 1 Uhr ankommen könnten. Und als sie herauskamen, um uns bei der Abfahrt vom Pass zuzuschauen, hatten wir gerade ein gemütliches Mittagessen im «Seehof» beendet. Ich will ihnen ja ein kleines Amusement nicht vergönnen, aber ich war trotzdem froh, dass meine Vorstellung schon vorbei war, als sie sich mit ihren Operngläsern bereit machten. Schliesslich geht es mindestens so gut ohne Zuschauer, wenn jemand neue Erfahrungen auf Ski zu machen versucht.

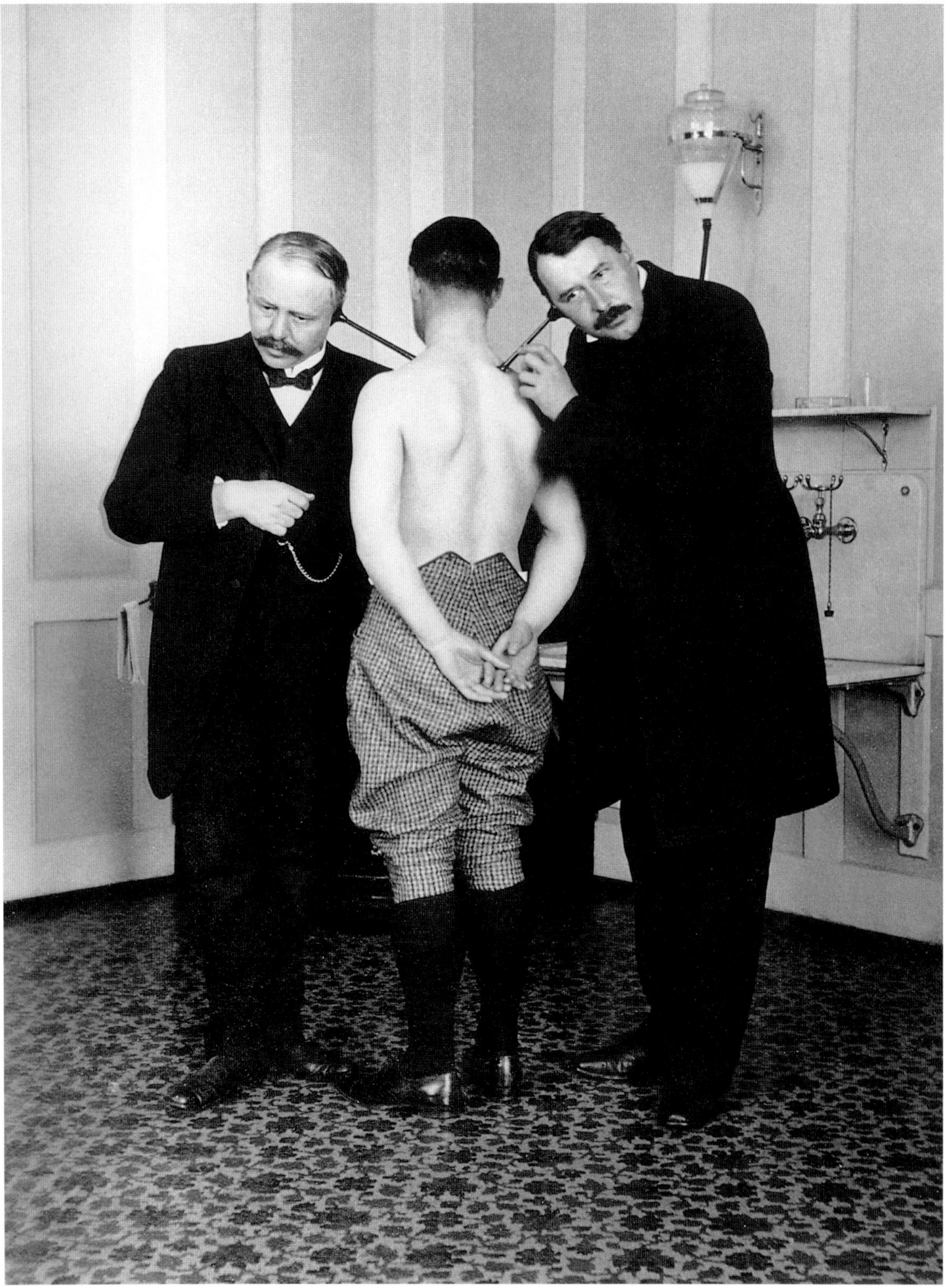

Die frische Luft hat von allen Seiten ungehindert Zutritt

Die Tuberkulose, auch Schwindsucht genannt, war bis zur Mitte des 20. Jahrhunderts die häufigste Todesursache bei Erwachsenen

Der «Zauberberg» lässt grüssen. Beim Eintritt ins Sanatorium wurden die Tuberkulose-Kranken einer gründlichen Prüfung unterzogen. Es gibt wenig Bilder vom Sanatoriumsalltag in Arosa. Dieses Foto stammt aus dem Archiv des Sanatoriums Schatzalp bei Davos.

Arosa war in den ersten 50 Jahren des Fremdenverkehrs vor allem ein Kurort. Die meisten Gäste kamen nicht zum Wandern oder für den Wintersport ins Schanfigg, sondern weil sie krank waren. Es waren Tuberkulose- und sonstige Lungenpatienten, die von den Ärzten zu mehrmonatigen oder sogar mehrjährigen Kuren in die trockene Höhenluft geschickt wurden.

Die Tuberkulose (TB), die zutreffend auch als Schwindsucht oder «weisse Pest» bezeichnet wurde, war bis zur Entdeckung der Antibiotika eine der häufigsten Erkrankungen in den Industrieländern. In der zweiten Hälfte des 19. Jahrhunderts starben in der Schweiz jedes Jahr knapp 5000 Menschen an Tuberkulose; sie war die wichtigste Todesursache bei Erwachsenen. Die Infektionskrankheit wird durch den 1888 von Robert Koch entdeckten Tuberkel-Bazillus (Mycobacterium tuberculosis) übertragen. Wenn dieser in die Lunge vordringt, verursacht er einen entzündlichen Herd in Form eines Knötchens (lateinisch tuberculus). Er kann aber auch andere Organe angreifen. Eine Ansteckung erfolgt häufig schon in der Kindheit, doch bricht die Krankheit meist nicht aus, sondern verharrt in einem inaktiven, latenten Zustand und entwickelt sich erst später. Infizierte Menschen werden als moro-positiv bezeichnet. Bricht die Krankheit einmal aus, verläuft sie chronisch, oft lebenslang in Schüben. Phasen akuten und langsamen Fortschreitens, der Rückbildung und des Stillstands wechseln sich ab. Die fortgeschrittene Lungentuberkulose ist an ihren Symptomen leicht zu erkennen, vor allem Husten, Auswurf, Blutspucken, Gewichtsverlust, Fieber und Nachtschweiss. Doch die Frühdiagnose der Krankheit war lange Zeit schwierig. Ein wichtiges Indiz war die alle paar Stunden peinlich genau zu messende Körpertemperatur.

Sanatoriumsalltag Anfang 1900: Rechts: Patient bei der Untersuchung beim Arzt.

Rechte Seite, oben: Eine begüterte Patientin bei einem Ausflug in der Sänfte. Rechte Seite, unten links: Eine von der Krankheit gezeichnete Schwindsüchtige im Krankenbett. Rechte Seite, unten rechts: Typischer Waschraum aus der Zeit mit tief liegender Badewanne im Sanatorium Arosa.

Der aus Deutschland stammende Davoser Arzt Alexander Spengler hatte in den 1860er-Jahren entdeckt, dass die Lungentuberkulose in der Region Davos äusserst selten vorkam und dass Davoser, die im Tiefland erkrankten, sich nach ihrer Rückkehr ins Landwassertal rasch erholten. In seiner 1869 veröffentlichten Schrift «Die Landschaft Davos als Kurort gegen die Lungenschwindsucht» propagierte er zudem Milchkuren, Wasserdusche-Behandlungen und dosierte Bewegungen im Freien als Therapie.

Spenglers Erkenntnisse verhalfen Davos zu einem ungeahnten Aufschwung. Für betuchte Lungenpatienten wurden in kürzester Zeit mehr als ein Dutzend Sanatorien und Kurhäuser gebaut – in seinem Roman «Der Zauberberg» hat Thomas Mann 1924 den Alltag und die Stimmung in einem Davoser Sanatorium auf einmalige Weise festgehalten. Die Heilstätten hatten eine doppelte Funktion: Hier konnten sich die Kranken bei einem angepassten Lebenswandel und Diät erholen, und zudem waren sie vom Rest der Bevölkerung getrennt, was die Gefahr weiterer Ansteckung verringerte.

Auch in Arosa erkannte man sehr früh, dass die Lungen-Kurgäste eine interessante Kundschaft waren. Sie konnten die Häuser in der damals toten Wintersaison füllen, und vor allem blieben sie meist mehrere Monate oder gar Jahre. Doch Arosa stand als Lungenstation von Anfang an in Konkurrenz zu Davos, das grösser und bekannter war. Dem setzten die Aroser entgegen, dass ihr Dorf mehr als 200 Meter höher gelegen sei als Davos, was die positive Wirkung des Aufenthalts noch verstärke.

Ein Prospekt der 1894 eröffneten Pension Belvedere beschreibt die Vorzüge Arosas überzeugend:

«Der günstige Einfluss eines längeren Aufenthalts im Hochgebirge auf verschiedene Krankheitsprozesse ist schon seit längerer Zeit festgestellt worden. Die windgeschützte Lage Arosas in einer Höhe von 1760 Metern über dem Meeresspiegel,

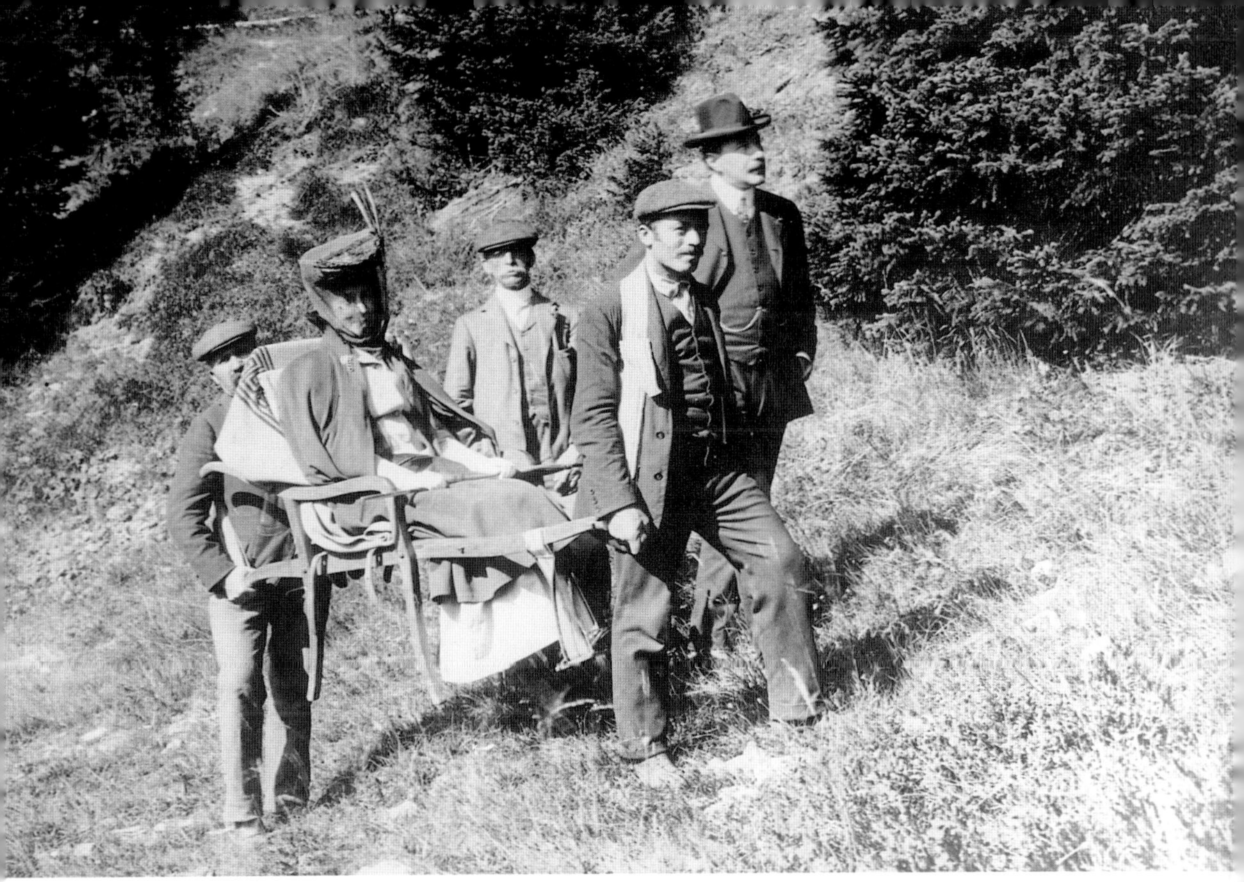
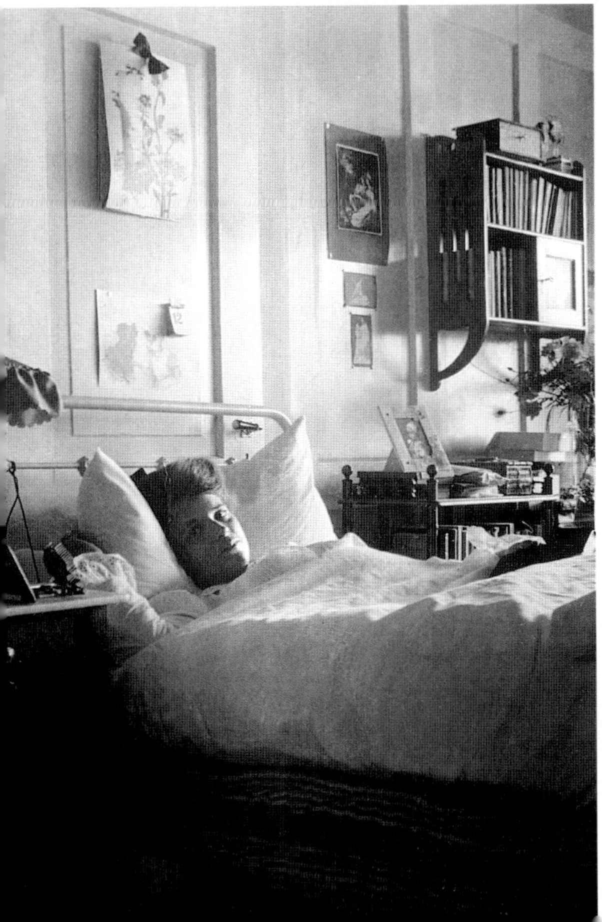

Das Hotel des Alpes war ein typisches Kurhaus. Die Tuberkulosekranken mussten jeden Tag viele Stunden auf dem Balkon liegen.

zwischen Bergen bis zu 3000 Meter Erhebung, bietet zusammen mit sonstigen günstigen klimatischen Eigenschaften jede nur denkliche Garantie, dass Arosa sich wirklich zu einer Winterstation für schwächliche, nervöse und erholungsbedürftige Personen, Prophylacticer, sowie Patienten mit besonderer Affektion der Atmungsorgane eignet. Besonders im Winter treten die Vorzüge Arosas in klimatischer Hinsicht gegenüber andern Kurorten deutlich zu Tage. Es zeigt sich z. B. im Vergleiche zu Davos eine um mehrere Grade höhere mittlere Temperatur. Nebelbildung ist nur in geringem Masse und vorübergehend zu beobachten. Dank seiner geschützten Lage sind die Windverhältnisse sehr günstige zu nennen. Die Luftfeuchtigkeit, einer der wichtigsten Faktoren bei der Beurteilung des klimatischen Charakters eines Ortes, unterliegt, wie im Hochgebirge überhaupt, nur geringen Schwankungen, was zur Erzielung eines guten Kurerfolges wesentlich beiträgt. Die Luftfeuchtigkeit ist hauptsächlich im Winter sehr gering und erfährt während der Schneeschmelze im Frühling nur eine minime Steigerung, so dass von einem ungünstigen Einfluss auf die Kurerfolge bei den verschiedenen in Frage kommenden Krankheitszuständen nicht die Rede sein kann. Die Zahl der Tage mit Sonnenschein ist eine sehr bedeutend grössere als im Flachlande, was schon a priori den Schluss zulässt, dass man sich in Arosa dem Einfluss der Atmosphäre viel andauernder und ungefährdeter aussetzen kann als im Flachlande, wo die Gefahr einer Erkältung für schwache Naturen im Winter fast zu jeder Zeit vorhanden ist. So zeigt eine langjährige Erfahrung, dass man sich im Hochgebirge auch nach Sonnenuntergang bis 10 Uhr nachts im Freien (Liegehalle, Veranda, etc.) ruhig daliegend aufhalten kann, ohne irgendwelchen Schaden zu erleiden, ja dass sogar die Kurerfolge bei einer solchen energischen Freiluftbehandlung die glänzendsten zu sein pflegen. Arosa bietet zudem gegenüber anderen, mit allem Luxus und Comfort und allen Zerstreuungen der Neuzeit versehenen Kurorten, wie z.B. Davos, einen grossen Vorteil, indem alle lärmenden und aufregenden Vergnügungen etc. fehlen, so dass von einem richtigen kurgemässen Leben gesprochen werden kann. Es ist zwei-

Die vielen Lungenkranken waren oft während Monaten und Jahren in Arosa. Jene, die nicht bettlägerig waren, hatten viel Zeit zum Flanieren und gaben Arosa einen geradezu urbanen Charakter.

fellos, dass eine Kur nur dann von Erfolg begleitet werden kann, wenn den Anordnungen des Arztes genau Folge geleistet wird und wenn nicht die erzielten Kurerfolge durch allzu heftig wirkende gesundheitswidrige Zerstreuungen und Exzesse der verschiedensten Art wieder in Frage gestellt werden. Ein grosser Vorteil Arosas liegt auch darin, dass die Hotels, Pensionen und Wohnhäuser freistehend und zerstreut liegen, so dass die frische Luft von allen Seiten her ungehindert Zutritt hat, und infolgedessen nicht durch die Ausdünstungen städteartiger Ansiedelungen verschlechtert werden. Diesen beachtenswerten Vorzug hat Arosa besonders gegenüber Davos, welches durch die grossen Gebäudekomplexe ganz den Charakter einer Stadt angenommen hat.»

Lungenkranke wurden nicht nur in den grossen Kurhäusern aufgenommen. Viele Aroser beherbergten Kranke im Haus als Pensionsgäste oder als Zimmerherren. Fast alle zwischen 1880 und 1930 gebauten Häuser Arosas verfügen über grosse, tiefe Liegeterrassen, auf denen die Kranken jeden Tag zur Liegekur gebettet wurden. Diese Liegekur war das Kernstück der Höhentherapie. Die Patienten mussten stundenlang in Decken gehüllt auf der Terrasse liegen. Damit wurden alle Körperfunktionen auf ein Minimum reduziert, wodurch die kranke Lunge entlastet wurde.

Übertragen wurde die Tuberkulose vor allem durch Tuberkel-Bakterien in der Luft. Deshalb war die einheimische Bevölkerung stark ansteckungsgefährdet, besonders die Familien, die Tuberkulosepatienten aufnahmen und in ständigem, engem Kontakt zu diesen standen. Der Aroser Schularzt M. Gähwyler untersuch-

Hotel und Pension Hof Maran

1861 Meter über Meer

1/2 Std. ob Arosa auf aussichtsreichem, waldumkränzten, sehr sonnigem Hochplateau gelegen. Wunderbares Gebirgspanorama. Beliebter Ausflugsort. Einfach möblierte zum Teil heizbare Zimmer.

Das Haus ist Ruhe- und Erholungsbedürftigen, Sportsleuten und Touristen zu empfehlen, die in einer gesunden, reinen Gebirgsluft ungestört zu mäßigem Preise ländlichen Aufenthalt suchen. Gute, kräftige, bürgerliche Kost. Lungenkranke werden nicht aufgenommen.

Café-Restaurant. — Schöner großer, geheizter Speisesaal. — Gedeckte Veranden. Kegelbahn — Große Auswahl in kalten und warmen Speisen zu jeder Tageszeit. Reelle offene u. Flaschen-Weine. Liqueure. Helles Churer, Münchner u. Kulmb. Bier. Sonntags nachmittags spielt die Kurkapelle.

Prospekte und nähere Auskunft durch

E. W. Hemken, Inhaber.

Telefon.

Da gesunde Gäste Angst vor einer Ansteckung hatten, betonten einige Hotels – u. a. das Hotel und Pension Hof Maran sowie das Hotel Arosa-Kulm und die Villa Bergfried –, dass sie keine Lungenkranken aufnehmen.

te 1929 221 Aroser Schulkinder und hat dabei festgestellt, dass über 50 Prozent der Kindergärtner moro-positiv waren; bei den 15-Jährigen waren es 78 Prozent. Meist waren ganze Familien betroffen. Trotzdem starben in der ganzen Zeit von 1890 bis 1929, also im Zeitraum von 40 Jahren, insgesamt nur 20 Einheimische an Tuberkulose. Aufgrund der Einwohnerzahl errechnete Gähwyler für Arosa eine Tuberkulose-Mortalität von 7,1 Todesfällen pro 10 000 Einwohner und Jahr, was gerade halb so viel war wie der schweizerische Durchschnitt von 13,8. Er kam deshalb zum Schluss, dass in Arosa zwar die Gefährdung der Einheimischen, mit Tuberkulose infiziert zu werden, viel höher war als anderswo. Doch stärkten die günstigen Lebensbedingungen die körpereigene Abwehr der Aroser so sehr, dass die Gefährdung sogar überkompensiert werde.

Nach der Entdeckung des Tuberkel-Bazillus machte die Behandlung der lange als unheilbar geltenden Krankheit weitere Fortschritte. 1895 erfand Wilhelm Konrad von Roentgen den nach ihm benannten Apparat, der es erlaubte, Knoten und Stränge in der Lunge zu erkennen. Der Italiener Forlanini entdeckte, dass eine Verkleinerung der Lunge die Krankheit verlangsamte. Mit der Pneumothorax-Methode – zur Kompression der Lunge wird Luft in den Brustkasten gepumpt – und mit chirurgischen Eingriffen wurde diese Erkenntnis umgesetzt.

Auch die Verbesserung der allgemeinen hygienischen Bedingungen in den Städten und die systematische Untersuchung der Bevölkerung (Moro-Ritztest und Durchleuchten) brachten einen sukzessiven Rückgang der Tuberkulose-Erkrankungen ab 1920.

Für Arosa bedeutete das eine schwierige Umstellung vom Kur- zum Sportort, die nicht immer konfliktfrei verlief. Jahrelang hatte Arosa gut von den Tuberkulose- und anderen Lungenkranken gelebt; sie waren ganz eindeutig die wichtigsten Kunden des Orts. Tuberkulosearzt Otto Amrein bedauerte in seinen 1931 geschriebenen, unveröffentlichten Lebenserinne-

Hotel Arosa-Kulm
und
Villa Bergfried
Inner-Arosa.
1850 m ü. M.

1909-1910 vollständig umgebaut, renoviert und vergrößert.

Die beiden beieinander liegenden Häuser befinden sich an **ruhigster** und sonnigster Lage von Arosa, in urwüchs., malerisch und reich ausgestatteter Alpenlandschaft, abgesondert von den übrigen Hotels des Kurortes, 3 Minuten vom Postbüro Inner-Arosa entfernt.
Moderner Komfort. Geräumige Zimmer mit gedeckten und offenen Balkonen. Centralheizung. Modernste Bade-, Douche-, und Toiletten-Anlagen. Elektr. Licht. Gemütliche Gesellschaftsräume. Croquetplatz, Lawn-Tennis.
Idealer Sommeraufenthalt. — Wintersportshaus. Eisbahn zwei Minuten vom Hotel entfernt; prächtige Skifelder unmittelbar an das Hotelumgelände anstoßend.

Lungenleidende werden nicht aufgenommen; hingegen ist die Villa Bergfried auch vorzüglich geeignet zur Aufnahme von Prophylaktikern und jungen Leuten, die an Anaemie leiden.

Ordinirender Arzt Herr Dr. med. O. Amrein, Arosa.

Näheres und Prospekte durch

die Hotelleitung.

Bei allen Anfragen beziehe man sich auf diese Anzeigen.

Фотогр. Steiner

Зимнія солнечныя ванна

Послѣ всего сказаннаго понятно, что Ароза по справедливости принадлежитъ къ излюбленнымъ воздушнымъ курортамъ Изъ маленькой горной деревушки въ теченіе 30 ти лѣтъ она развилась до ея теперешняго интернаціональнаго значенія Какъ и другіе горные курорты, она отличается низкимъ атмосфернымъ давленіемъ, низкой температурой, равномѣрнымъ зимнимъ холодомъ, изобиліемъ солнца, интенсивной силой солнечнаго излученія, обиліемъ ясныхъ дней, сухостью и чистотою воздуха. Отъ другихъ горныхъ курортовъ Ароза отличается своимъ высокимъ положеніемъ надъ уровнемъ моря (1750—1900 метр.), изобиліемъ еловыхъ лѣсовъ, абсолютнымъ безвѣтріемъ, имѣющимъ преимущество положеніемъ на южныхъ склонахъ высоколежащей долины между тѣмъ, какъ другіе горные курорты лежатъ на болѣе холодномъ и менѣе освѣщенномъ солнцемъ днѣ долины Большое количество ежегодно выздоравливающихъ здѣсь больныхъ лучше, чѣмъ температурныя таблицы и статистика солнечнаго сіянія, доказываетъ

цѣлебность и

чудодѣйственность арозскаго климата.

rungen, dass der Sport ab etwa 1926 überhand genommen habe. In jener Zeit schlossen zahlreiche Sanatorien, um (zum Teil nach einem Umbau) als Sporthotel wieder zu öffnen. Amrein nannte als Beispiele die Hotels «Valsana», «Alexandra», «Eden», «Excelsior» und «Seehof». Auch die beiden heutigen Fünfsternhotels «Kulm» und «Tschuggen» wechselten damals vom Sanatoriums- zum Hotelbetrieb. Das Hotel «Kulm» wurde stark umgebaut und erweitert, das Sanatorium (unter Beibehaltung der alten Bausubstanz) total renoviert und als «Grand- und Sporthotel Tschuggen» wiedereröffnet.

Durch diese Entwicklung verliere Arosa seinen Ruf als Kurstation, kritisierte Amrein. Arosa sei als Lungenkurort weltberühmt geworden und habe trotzdem nie als ein Ort gegolten, wo nur Lungenkranke lebten. «Die sehr gewissenhaft durchgeführte Desinfektionsordnung erlaubte es auch, dass in allen Hotels Gesunde neben Lungenkranken ohne Gefahr der Ansteckung wohnen konnten. Namentlich junge Leute, Mädchen vor allem, kamen zur Kur mit Vorliebe aus dem Grund nach Arosa, weil sie von dort zurückkommend nicht den Stempel des schwindsüchtigen Kranken mit sich zurückbrachten wie von andern Kurorten, die ausschliesslich oder überwiegend von Lungenkranken besucht waren.» Arosa brauche die Lungenkranken. Der Jahresbetrieb der Fremdenindustrie könne nur aufrechterhalten werden, «wenn die Kurbetriebe nicht mehr von den Sportbetrieben erdrosselt werden», schrieb Amrein.

Lungenleidende aus aller Welt kamen zur Kur nach Arosa.
Ein Prospekt, der um russische Gäste wirbt, lobt das Aroser Hochgebirgsklima, das «bei ermüdeten und abgearbeiteten Stadtmenschen und schwächlichen Kindern eine abhärtende und aufbauende Einwirkung» zeige.

Als der Zustrom von Lungenkranken abflaute, wurden viele Sanatorien zu Sporthotels umgebaut. Aus dem Sanatorium Arosa, gebaut 1888, wurde 1926 das Grand Hotel Tschuggen.

Doch die Entwicklung verlief anders. Die Weltwirtschaftskrise führte ab 1929 dazu, dass immer weniger Sanatoriumsgäste aus dem Ausland kamen. Zudem erleichterten neue Behandlungsmethoden die Tuberkulose-Therapie im Flachland. In Arosa ging die Zahl der Sanatorien weiter zurück. 1932 gab auch das Waldsanatorium auf und eröffnete im Dezember 1932 als «Neues Waldhotel» wieder.

Den Durchbruch in der Therapie der Tuberkulose brachte eine Entdeckung des kalifornischen Chemikers Waksman. Er fand nach jahrelanger Forschung heraus, dass gewisse Pilzkulturen das Bakterienwachstum bremsen konnten. 1943 entdeckte er den Wirkstoff Streptomycin, der nach Tierversuchen 1944 erstmals an Menschen ausprobiert wurde und sofort einen durchschlagenden Heilungserfolg brachte. Dank weiteren Wirkstoffen, die in den Folgejahren entdeckt wurden (Isoniazid, Rifapin, Ethambutol, Pyrazinamid etc.), war es möglich, der Resistenzbildung des TB-Erregers zu begegnen.

Heute gilt TB in den Industrieländern als weitgehend besiegt. Doch in der Dritten Welt und in Osteuropa grassiert die Krankheit immer noch. Gefährdet sind Menschen mit generell schlechter Gesundheit und geschwächtem Immunsystem. Die Weltgesundheitsorganisation WHO schätzt, dass jährlich etwa 8 Millionen Menschen an Tuberkulose erkranken; etwa 2 Millionen sterben an ihr.

Dem spuckenden Kranken Gelegenheit geben, sein Infektionsmaterial unschädlich zu beseitigen

Der Aroser Tuberkulosearzt Otto Amrein (1874–1935) instruiert der Aroser Bevölkerung 1902 in Vorträgen den richtigen Umgang mit den Tuberkulosekranken.

«Es muss also vor allem dafür gesorgt werden, dass Bacillen nicht in die Einatmungsluft gelangen, und das geschieht dadurch, dass man das Eintrocknen von Sputum verhindert. Einmal ist jedem Kranken anzubefehlen, dass er seinen Auswurf niemals auf den Boden oder ins Taschentuch entleert, an welchen beiden eine Eintrocknung erfolgt. Stellt man sich vor, dass solche bacillenhaltige Taschentücher eventuell noch tagelang herumgetragen werden und in die verschiedensten Taschen der Kleider wandern, so liegt die Infektionsgefahr von Seite eines solchen bacillenbeladenen Menschen klar auf der Hand.
Das gleiche gilt auch vom Spucken auf den Boden. Wie viele der ausspuckenden Männer sind lungenkrank, ohne es zu wissen! Die Unsitte des Ausspuckens auf den Boden – namentlich, wie es leider so häufig geschieht – in geschlossenen Räumen wie Wirtshäusern u.s.w., muss ernstlich bekämpft werden. Ein anständiger Mensch spuckt überhaupt nicht auf den Boden!
Um nun das gefährliche Eintrocknen des Sputums zu verhindern, so soll prinzipiell jeder Auswurf in ein Gefäss entleert werden, das mit etwas Wasser versehen ist. Vor allem fort mit den alten, ehrwürdigen Sägemehl- und Sandspucknäpfen, wo der eintrocknende Auswurf sich so recht innig mengt mit dem Staube – wahre Brutstätten der Tuberkulose. Wie viele Schulen und öffentliche Lokale, Privathäuser nicht ausgenommen, beherbergen sie noch! Es ist im eigensten Interesse jedes Einzelnen, und nicht pedantische Vorschrift, dass überall drauf gedrungen wird, die Spucknäpfe mit etwas Wasser zu versehen (allerdings nicht anzufüllen, wobei der Inhalt nur verspritzt würde). Werden diese Gefässe täglich in die Abortanlagen entleert, so ist der Infektionsgefahr durch Sputum vorgebeugt. Sehr notwendig ist ferner das allgemeine Aufstellen von solchen Spuckgefässen, überall in jedem Hause. Einmal muss dem spuckenden Kranken Gelegenheit gegeben werden, sein Infektionsmaterial auf unschädliche Weise zu beseitigen, auch um seiner selbst willen, denn das Verschlucken des Sputums (wie es leider häufig nur wegen Mangel an aufgestellten Gefässen geschieht) ist direkt lebensgefährlich. Schon mancher hat es mit einer Darmtuberkulose büssen müssen.
Ich muss hier bedauernd betonen, dass sich gegen dieses auf der Hand liegende und durchaus leicht durchführbare Gebot in unerklärlicher Weise namentlich Gasthäuser und Hotels sträuben. Und gerade sie sind die Orte, wo die Infektionsgefahr in erster Linie besteht. Es ist zum Beispiel erwiesen, dass eine ganze Anzahl der sogenannten Sommerfrischler aus Lungenkranken besteht. Wenn in solchen Häusern keine Spucknäpfe aufgestellt und keine Desinfektionsmassregeln ausgeübt werden, so ist die Gefahr geradezu eine eminente; und wenn die betreffenden Hoteliers dieser offenkundigen Gefahr nicht begegnen wollen, um die Leute nicht zu erschrecken und um nicht den Vorwurf zu bekommen, es könnten in einem solchen Hause, wo Spucknäpfe stehen, Lungenkranke hausen, den Gästen eigentlich Sand in die Augen streuen, so ist das geradezu ein Verbrechen. Dass dieses Manöver aber so häufig gelingt und sogenannt Gebildete mit Vorliebe in solche Häuser gehen, wo keine Lungenkranke zu fürchten sind, ist nur aus Mangel an Kenntnis und Verständnis möglich. Es ist ohne weiteres einzusehen, dass überall da, wo der ja überall vorhandenen Gefahr offenkundig begegnet wird, am meisten Sicherheit herrscht.
Was die Form und Grösse der Spucknäpfe anbetrifft, so möchte ich kurz betonen, dass sie nicht zu klein und namentlich mit einer genügend gros-

Otto Amrein war einer der führenden Tuberkuloseärzte in Arosa. Er brachte den Arosern den richtigen Umgang mit den Kranken bei.

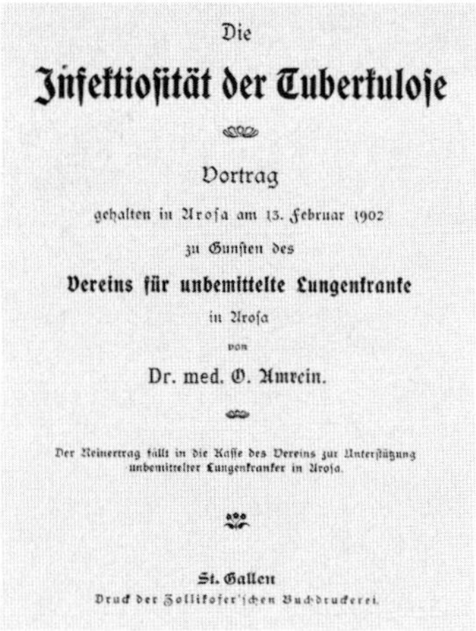

Die

Infektiosität der Tuberkulose

Vortrag

gehalten in Arosa am 13. Februar 1902

zu Gunsten des

Vereins für unbemittelte Lungenkranke

in Arosa

von

Dr. med. O. Amrein.

Der Reinertrag fällt in die Kasse des Vereins zur Unterstützung unbemittelter Lungenkranker in Arosa.

St. Gallen

Druck der Zollikofer'schen Buchdruckerei.

sen Öffnung versehen sein sollen, damit nicht die Umgebung beschmutzt wird. Am besten sind sie in den Ecken aufzustellen, wo sie vor dem Umwerfen geschützt sind. Sehr zweckmässig sind die in verschiedenen Hotels im Gebrauche stehenden Wandmodelle, weil durch dieselben ein Umwerfen verhindert wird und das Hineinbefördern des Auswurfes leichter, ohne Beschmutzung des Bodens, möglich ist. Auch können Hunde, Katzen, u.s.w. nicht an die Spucknäpfe gelangen. Solche öffentlichen Spuckgefässe sollen namentlich auch im Treppenhause angebracht werden, weil das Treppensteigen die Expektoration anregt.
Im Zimmer benutzen unsere Patienten kleine, leicht transportable Spucknäpfe, die etwa die Grösse und Form einer Tasse haben. Am reinlichsten und besten sind davon diejenigen, die mit einem vollständigen, an einem Knopf anzuhebenden Deckel versehen sind. Dadurch wird einmal der Inhalt verdeckt und ein eventueller Geruch ausgeschaltet. Und das Gefäss kann nicht durch Fliegen u. s. w. besucht werden, die dann eventuelles Infektionsmaterial weiterhin verschleppen. Es sind diese Gefässe auch viel leichter zu reinigen (einfache Wasserspülung) als diejenigen mit einem Senktrichter am Deckel.
Der herumgehende und spuckende Lungenkranke soll sich eines Taschen-Spuckfläschchens bedienen (das bekannte blaue Dettweiler'sche Fläschchen ist das verbreitetste und immer noch das rationellste), und er soll nur in dieses seinen Auswurf entleeren. Namentlich vermeide er jedes Spucken auf den Boden, die Strassen, ins Taschentuch, u. s. w. Nicht nur kann die Umgebung das von ihm verlangen, um sich vor Ansteckung zu schützen, sondern auch er selbst schützt sich dadurch.
Gelegenheit zur Infektion von Mensch zu Mensch ist besonders dort gegeben, wo Tuberkulöse mit andern Menschen enger und näher zusammenkommen, so vor allem auch in der Ehe. Die Übertragung von einem Ehegatten auf den anderen ist eine häufig beobachtete Tatsache, und zwar ist die Frau mehr geneigt, von Seite ihres tuberkulösen Mannes angesteckt zu werden, als umgekehrt. Immerhin herrschen auch hier, dicht neben Leichtsinn und Sorglosigkeit, zu ängstliche Vorstellungen. Die Ausatmungsluft beispielweise enthält keine Tuberkel-Bacillen.
Was das Küssen anbetrifft, so ist es erwiesen, dass der Mundspeichel meistens keine Tuberkel-Bacillen enthält. Indessen sollen Tuberkulöse in diesem Punkte doch äusserst vorsichtig sein, das Küssen auf den Mund gänzlich vermeiden und vor allem grundsätzlich Kinder nicht küssen, weil die Schleimhäute der Kinder für die Tuberkel-Bacillen viel leichter durchgängig sind.
Eine besondere Gefahr erwächst auch aus der Pflege Tuberkulöser, wenn diese unreinlich sind. Bei Beachtung aller Vorsicht und Ausführung aller Vorschriften kann diese Gefahr aber ziemlich ausgeschaltet werden. Ähnlich verhält es sich mit der Infektionsgefahr für die Ärzte, die aber doch geringer ist als für die Krankenpflegerinnen, welche viel längere Zeit bei den Kranken verweilen, ihnen alle kleinsten Handreichungen leisten u. s. w.
Am allermeisten aber sind die Stuben- und Zimmermädchen, die die Betten besorgen und die Zimmer rein zu machen haben, der Ansteckungsgefahr ausgesetzt, wenn unreinliche Patienten diese bewohnen. Einem solchen Sorglos-Leichtsinnigen kommt es dann nicht in den Sinn, dass er eventuell ein junges, blühendes Leben zu

Die Gebrauchsanweisung für den Dettweilerschen Taschenspucknapf gibt unter anderem den folgenden Ratschlag: «Beim Einführen des Auswurfs thut der Hustende gut, etwas Mundspeichel mitgehen zu lassen, wodurch jener leicht und sicher im Trichter hinabgleitet.»

Das Taschenfläschchen für Hustende,
nach Angaben
des Geheimen Sanitätsraths
Dr. Dettweiler, Falkenstein-Taunus,
soll zur Aufnahme der Luftröhren- und Lungenabsonderung dienen, sein Gebrauch ist einfach, reinlicher als der des Taschentuchs oder Fussbodens und beseitigt **jede Gefahr der Uebertragung von Ansteckungsstoffen.** Das Fläschchen
wird zum Ge- brauch fertig
geliefert. Ir- gend welche
Desinfecti- ons-oder Ver-
dünnungs- flüssigkeiten
brauchen nicht in das-
selbe gegos- sen zu wer-
den, weil sie zwecklos
sind und nur ein häufige-
res Reinigen notwendig
machen. Beim Einfüh-
ren des Aus- wurfs thut
der Hustende gut, etwas
Mundspei- chel mitge-
hen zu lassen, wodurch jener leicht und sicher im Trichter hinabgleitet. Das Fläschchen steht sicher auf der unteren Kapsel, es muss entleert werden, wenn der Auswurf bald den Trichter erreicht. Die völlige Reinigung geschieht leicht durch Eingiessen von kaltem oder warmem Wasser, auch 5%tiger Carbollösung, Schütteln und Auslaufenlassen aus dem unteren Reinigungsloch in den Spüleimer oder in die Abortsröhre.
Man bittet, die Federn von Zeit zu Zeit etwas einzuölen.

Siechtum und Tod führen kann.
Die feuchte Reinigung der Wohn- und Arbeitsräume sollte immer bei offenen Fenstern und Türen vorgenommen werden. Wo Tuberkulöse gewohnt und verkehrt haben, müssen die Zimmer desinfiziert werden. Fast überall und auch in Arosa wird jetzt das Formaldehyd-Desinfektionsverfahren angewendet. Dabei werden in dem betreffenden Zimmer, dessen Tür und Fensterspalten und Fugen mit Wolle verschlossen und dessen Möbel von den Wänden abgerückt wurden, in einem Kupferkessel während 7 Stunden Formaldehyd- und Wasserdämpfe entwickelt, welche Dämpfe eine grosse desinfizierende Wirkung auf die Oberfläche der Gegenstände ausüben. Die Menge des zu verdampfenden Formaldehyds richtet sich nach der Grösse des betreffenden Zimmers. In Arosa werden auf 1 Kubikmeter 2½ Pastillen genommen.
Um nun diese Formaldehyd- oder Formalin-Dämpfe nach genügender Einwirkung wieder wegzubringen, werden nach Ablauf von 7 Stunden in einem zweiten Apparat Ammoniak-Dämpfe entwickelt (in Arosa während 20 Minuten), welche die Formaldehyd-Dämpfe neutralisieren. Dieser Ammoniak-Apparat steht vor der Türe des Zimmers und schickt seine Dämpfe durch Schläuche und Metallröhren durchs Schlüsselloch ins Zimmer. Nach Ablauf einer halben Stunde kann man die Apparate entfernen, das Zimmer öffnen (das während der Desinfektion nicht betreten werden durfte) und dasselbe in der üblichen Weise weiter reinigen und scheuern.
Wo es darum geht, Wäsche, Bettzeug, Vorhänge, Kleider u.s.w. zum Beispiel nach einem Todesfall nicht nur oberflächlich zu desinfizieren, so muss dies mittels einer Desinfektion im strömenden Wasserdampf in einem sogenannten Desinfektionsofen geschehen.
Für die gewöhnliche Wäsche der Tuberkulösen schreibt die sanitätspolizeiliche Ordnung in Arosa vor: ‹Die Wäsche der Tuberkulösen soll drei Stunden lang in dreiprozentiger Schmierseifenlösung auf mindestens 50 Grad Celsius erwärmt und dann weitere 48 Stunden in der sich langsam abkühlenden Lösung belassen werden. Das Schnellwaschverfahren ist als gefährlich hinsichtlich der Ansteckung zu vermeiden.›
Wenn man bedenkt, dass in den allermeisten Hotels überall oft die Wäsche von unbekannten gesunden und kranken Menschen, auch Tuberkulösen, gemengt wird, so wird man auch in dieser Hinsicht lieber ein Haus oder einen Ort aufsuchen, wo man offiziell diese Gefahr bekämpft.»

Der original Dettweilersche Taschenspucknapf war auch unter der Bezeichnung «der blaue Heinrich» bekannt. Er war sehr verbreitet. Das Gefäss konnte mit einer Hand bedient werden: Der mit einem Federmechanismus und einer Gummidichtung versehene Deckel sprang auf Knopfdruck auf.

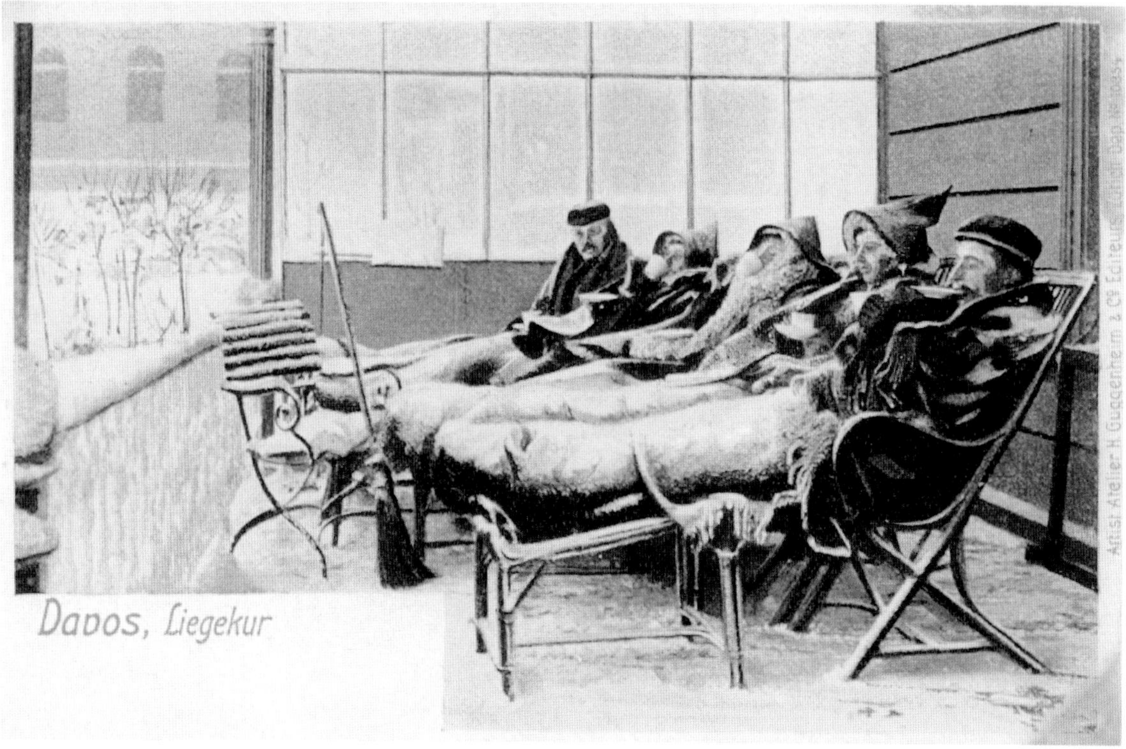

Der triste Sanatoriumsalltag – dokumentiert mit einer Postkarte aus Davos – bedrückte Christian Morgenstern.

Ein solcher Höhenkurort ist nicht sonderlich unterhaltend

CHRISTIAN MORGENSTERN SUCHT IN AROSA LINDERUNG VON SEINER KRANKHEIT

Der grosse Lyriker und Autor der «Galgenlieder» Christian Morgenstern, geboren 1871 in München, ist 1901 einer der Ersten in einer langen Reihe von Literaten und Künstlern, die in den Bündner Bergen Linderung von einem Lungenleiden suchen. 1893 hatte er erstmals gesundheitliche Probleme. Im Sommer 1900 verschlechterte sich sein Zustand, und er verbrachte den folgenden Winter in Davos. Im November 1901 kam er das erste Mal nach Arosa und wohnte im Hotel Bellevue. Um seinen Aufenthalt zu finanzieren, übersetzte er in dieser Zeit Ibsen.

Zeitlebens war Morgenstern, der sich selbst als den «geborenen Vagabundeur» bezeichnete, rastlos in halb Europa unterwegs. «Vom Abschluss meiner Gymnasialzeit an begann ein Wanderleben, an dessen Ende ich heute noch nicht angelangt bin», schrieb er 1913, wenige Monate vor seinem Tod, in seinen «autobiographischen Notizen». Und an anderer Stelle notierte er: «Ich irre in diesen europäischen Ländern umher wie ein Vogel in einem Treibhaus. Die Menschen glauben, weil ich von einem Ort zum andern reise, lebte ich ein beneidenswertes Leben. Sie wissen nicht, dass mich letzten Endes jeder dieser Orte enttäuscht.»

Christian Morgenstern um 1900. Zur Zeit seines ersten Arosa-Aufenthalts war er als Autor der «Galgenlieder» bereits gut bekannt.

Arosa, 11. November 1901

Bin seit acht Tagen hier und befinde mich, nach einigen Wehen, leiblich und geistig wohl. Habe ein famoses Eckzimmer mit sehr viel Sonne in einer netten Pension zweiten Ranges. Die Natur ist geradezu herrlich, Wälder wie aus Erz, bedeutende Berggipfel, grandiose Kessel, kristallklare Luft.

(Brief an Efraim Frisch)

Inner-Arosa, 31. Dezember 1901

Bis Weihnachten war es noch ganz unentschieden, ob ich im Hochgebirge bleiben, nach Zürich oder nach San Remo fahren würde. Aber zunächst bindet mich die Übertragung der Gedichte von Ibsen an einen meine eigene Produktion nicht allzusehr herausfordernden Ort; sowie die Erfahrung, wie gut mir die Höhenluft im vorigen Winter getan hat. Arosa, nur mit der Post von Chur aus zu erreichen, liegt noch höher als Davos, nämlich 1800–1900 Meter über dem Meeresspiegel. Ich kann es jedem, der mit der Lunge zu tun hat, nur raten, einen Winter im Hochgebirge zu verleben. Und zwar, sobald er nur irgend etwas an sich merkt. Man bringt zwar Opfer, denn man darf sich einen solchen Höhenkurort als nicht sonderlich unterhaltend vorstellen. Entweder man gesellt sich anderen Kranken zu, z. B. in einem Sanatorium, und begibt sich damit in eine im Grund höchst langweilige kleinliche und klatschsüchtige Gesellschaft, oder man wohnt – wie ich in diesem Winter – und bleibt ganz auf sich angewiesen. Das erste ist für die Mehrzahl das Beste, das zweite für die, denen Alleinsein nichts Fremdes ist.

(Brief an Amalie Morgenstern)

Zuvor, in Davos, hat Morgenstern mit dem Sanatoriumsalltag schlechte Erfahrungen gemacht:

Davos Platz, Sanatorium Turban, 5. Februar 1901

Ich musste nach meiner Hierherkunft ca. sechs Wochen im Bett bleiben, bis meine «Temperatur» den gewünschten Niederstand erreicht hatte. – Nun mache ich seit ca. Mitte November die gleiche Liege(Luft)Kur wie sechzig, siebzig andere, stopfe mich mit unerwünschten Mahlzeiten und beklage mein der holdesten und fruchtbarsten Einsamkeit grausam entfremdetes Los. Dazu ist es etwas ganz anders, registrierter Kranker zu sein, als angeschossenes Tier im freien Wald. Zwar ergibt jede Untersuchung ein relativ befriedigendes Ergebnis, aber mein Zustand ist nur zu oft trübe; denn wie soll das alles weitergehen, mit diesem Leben und mit der Kunst.

(Brief an Efraim Frisch)

Während seines Arosa-Aufenthalts schreibt Morgenstern mehrere Gedichte.

Im Tal von Arosa

Stern der Klarheit, mir vor allen fern,
des Berges Sattel, ein Diamant,
durchfunkelnd, das dunkle Tal nur
immer mehr verdunkelnd;
du meiner Abende geliebter Stern!

Ein Durst erfasst mich, da ich
dich erblicke, ein Durst, wie nach
kristallnem Nass, nach Dir.
Wie bist du hell und kühl! Wie zeigst
Du mir, wie nie mir ward vom dump-
feren Geschicke.

Und immer mehr des Dunkels bricht
herein, den kurzen Tag mit Schatten
zu verschütten; und hell erschimmern
mehr und mehr der Hütten.
O Herz, genüge dir: Dies Licht
ist Dein.

(erschienen 1906 im Gedichtband «Melancholie»)

Waldsanatorium Arosa
1830 Meter über Meer
Heilanstalt für Lungenkranke
Eröffnung 10. Oktober 1910
Leitender Arzt: Sanitätsrat Dr. W. Römisch.
Sehr sonnige, geschützte, absolut staubfreie Lage über dem Orte Arosa, mit unmittelbar anschließenden, ebenen Waldwegen
Neu erbautes, höchst komfortables Haus mit modernsten hygienischen Einrichtungen.
•••• Zwei Aerzte und geschultes Pflegepersonal im Hause. •••• Winter- und Sommerkuren. ••••
Preise: Pension (inklusive ärztlicher Behandlung, Abreibung, Bäder, Douchen, Bedienung, Heizung, elektr. Licht etc. etc.) Fr. 11.–
Zimmer von Fr. 2.– an
Zimmer mit eigenem Südbalkon von Fr. 4.– an
Dieselben mit eigenem Bad, sowie kleine abgeschlossene Apartements mit eigenem Bad und Toilette nach Anfrage.
Anmeldungen nehmen entgegen und Auskunft erteilen die Direktion und der leitende Arzt. — Ein ausführlicher Prospekt erschein Mitte September. 1111
Direktion: Ing. R. Richter. Wirtschaftliche Leitung: Frau B. Kläusli-Wild.

Knapp zehn Jahre nach dem ersten Aufenthalt kehren Morgenstern und seine Frau Margareta nach unzähligen Stationen im Frühjahr 1911 zurück ins Schanfigg und mieten sich im neu eröffneten Waldsanatorium ein.

Arosa, April 1911

Ja was sagt Ihr zu Arosa? Es sind nun gerade 10 Jahre, dass ich zum ersten Male hier oben war. Besser ist alles jetzt und schöner, obwohl ich damals auf Rodelschlitten fuhr. Jetzt, da wir geborgen und im bequemen Wagen (ohne Wechsel auf Schlitten) heraufgekommen sind, fängt es wieder an zu schneien.
(Brief an Friedrich Kayssler)

Oben: Bei seinem ersten Aufenthalt in Arosa im Jahr 1901 wohnte Morgenstern im damals noch bescheidenen Hotel Bellevue.

Unten: Bei ihrer Rückkehr nach Arosa im Jahr 1911 quartierten sich Christian und Margareta Morgenstern zunächst im neu eröffneten Waldsanatorium, dem späteren Waldhotel, ein.

In der Villa Silesia mieten Christian Morgenstern und seine Frau Margareta im September 1911 eine Wohnung.

Im September 1911 zieht das Paar in die Villa um, wo es ein Jahr bleiben wird. «Die Zeit verging mit dem mühsamen, geduldigen Kampf, der der blossen Erhaltung des Körpers diente. Es war unverkennbar, dass dieser mehr und mehr dahinschwand», schreibt Morgenstern-Biograf Martin Beheim-Schwarzbach. Morgenstern ist stark von der Krankheit gezeichnet und die ganze Zeit ans Bett gebunden. Im Februar 1912 erscheint im «Aroser Fremdenblatt» dieses Gedicht:

Heilung

Palmström geht herum mit einem
Kasten und verteilt Pastillen gegen
Husten, – doch dieselben sind nicht
einzunehmen.

Sondern, ehe man beginnt zu prusten
muss man eine der verhassten Passten
in die Hand zu nehmen sich
bequemen.

Zwischen Daumen dann und Zeige-
finger hält man sie als permanente
Drohung – und der Reiz im Hals
wird geringer.

Denn es brächte ungleich mindre
Frohung wenn die bittre Pille
würd' verspiesen.
Und so wird der Kitzel heimgewiesen.

(Arosa, Juni/November 1911)

Welch ein Schweigen

Welch ein Schweigen, welch ein Frieden,
In dem stillen Alpentale,
Laute Welt ruht abgeschieden,
Silbern schwankt des Mondes Schale.

Von den Weiden strömt ein Düften.
Aus den Wäldern lugt das Dunkel.
Brausend aus geheimen Klüften
Bricht der Bäche fahl Gefunkel.

Überm Saum der letzten Bäume
Weisse Wände stehn und steigen
In die blauen Sternenräume.
Welch ein Frieden, welch ein Schweigen!

(«Aroser Fremdenblatt», 3. Febr. 1912)

Im September 1912 wechselt Morgenstern für zwei Monate nach Davos. Grund dafür ist eine Schwächung der Stimmbänder, «die mich seit einem halben Jahr zum Flüsterton verurteilt und die durch eine solche episodische Luftveränderung vielleicht am wirkungsvollsten zu beeinflussen ist». Seine Frau Margareta reist in dieser Zeit nach München zu Vorträgen Rudolf Steiners. Anfang November kehren beide nach Arosa zurück ins neu erbaute Chalet Sonnenberg.

Arosa, 1. November 1912

Ihr lieben, lieben Menschen, nun wisst Ihr schon aus dem Stempel des Kuverts, dass wir wieder in Arosa sind, und da alles gut abgegangen ist, so wollen wir alle vertrauen, dass doch so am besten war und dass nun ein recht gesunder, fruchtbarer Winter anheben kann.

Für mich ist diese kleine Wohnung etwas ganz Neues, nämlich zum ersten Mal etwas, was diesem Namen entspricht. Die Zimmer sind verhältnismässig klein und gar nicht hoch, aber aus allem spricht ein guter, begabter Geist, es ist alles mit Liebe und Verständnis erdacht und gemacht, man fühlt sich nicht fremd und mit Vorbehalt darin, sondern vertrauend und dankbar. Und noch ist alles so sauber und aus erster Hand. Wie ganz anders war das vorige Logis … und könnte ich Euch eine Vorstellung von der Nervosität geben, die mein Sanatoriums-Zimmerchen [in Davos] von früh auf um- und durchzitterte! Um sechs begann der Bademeister schon den Korridor zu beleben, bis er endlich (ich war der letzte) oft schon wie ein trabendes Pferd auf meine Türe (ich hatte zwar ein Eckzimmer, aber keine Doppeltüre) zugestürmt kam. Dann kam in verwandtem Tempo gegen acht das Zimmermädchen mit dem Frühstück. Das arme Wesen musste bis um halb zehn Uhr sämtliche Zimmer aufgeräumt haben. In welchem Tempo, lässt sich denken. Man musste einfach «mitfliegen», und so ging es weiter. Dazwischen spielten Grammophone «Lustige Witwe» (meist die betreffenden Perlen zweimal hintereinander) und Caruso oder das mechanische Klavier «Mignon», Sachen, die man nicht mehr los wurde, in täglicher Wiederholung und im Sturmtempo! – Gleichwohl, ich war gern da, sah liebe Menschen wieder, lernte neue kennen. Nur war es gut, dass es Episode war. Hoffentlich endgültig die letzte dieser Art.

(Brief an Kaysslers)

AROSER FREMDENBLATT

OFFIZIELLES ORGAN DES KUR- UND VERKEHRSVEREINS AROSA

№ 40. Erscheint jeden Samstag. 3. Februar 1912

Preis der Nummer: 20 Centimes.
Abonnement: Pro Jahr 8 Fr.; pro Saison 5 Fr.; pro Monat 1 Fr.; fürs Ausland mit Portozuschlag.

Annoncen: Die einspaltige Zeile 20 Centimes; bei Saisonaufträgen 50 %, bei Jahresaufträgen 60 % Rabatt.
Annoncen-Verwaltung: Offizielles Verkehrsbureau Arosa.

Welch ein Schweigen …

Welch ein Schweigen, welch ein Frieden
In dem stillen Alpentale,
Laute Welt ruht abgeschieden.
Silbern schwankt des Mondes Schale.

Von den Wiesen strömt ein Düften.
Aus den Wäldern lugt das Dunkel.
Brausend aus geheimen Klüften
Bricht der Bäche fahl Gefunkel.

Ueberm Saum der letzten Bäume
Weisse Wände stehn und steigen
In die blauen Sternenräume.
Welch ein Frieden, welch ein Schweigen!

Christian Morgenstern.

Doch lockt die blaue Ferne …

Kein Zweifel, wir führen ein wackres Leben in unsern Bergen. Wir haben eine Vertrautheit mit unserm Winter und mit unserm Schnee, wie sie kaum nur die Kinder, die Schlüsselblumen pflücken, zum Frühling kennen, wir mögen ihn erst recht, wenn er ordentlich an die Nasen und Ohren beisst, und wenn er uns in der geschützten Mulde zu zahm wird, klettern wir auf die höchsten Gräte, seinen wahren Atem zu fühlen, und wenn wir mit recht schmetterndem Sturz über die schlanken Bretter kopfüber in die harte Kruste sausen, dass Stirn und Wangen beim Durchbrechen zerkratzt und zerschunden werden und Hände, Gesicht und Haare und die halbe Brust in dem tollen frischen eiskalten Elemente baden: dann fühlen wir so recht eigentlich unser tolles Hochland- und Bergwinterglück, auf trübe Tage folgen auch wieder klare mit jenen wundervollen blauweissen Silhouetten, wo über den hohen runden Hügelwellen der königliche Winterhimmel ansetzt.

Kein Zweifel, wir führen ein wackres Leben, wer wüsste es anders? Und doch lockt die blaue Ferne …

Im Februar 1912 erschien im «Aroser Fremdenblatt» ein Gedicht Morgensterns.

Christian Morgenstern bei seinem letzten langen Kuraufenthalt in Arosa im Winter 1912/13. Er ist bereits sehr geschwächt.

Föhn

Es tönt in uns so sonderbar,
die Saiten sind so straff gespannt,
so reif zum Platzen wie ein Haar.

Wir gehen und stehn wie leichtgebannt
Von irgend einer fremden Macht,
noch unbewusst, noch unbekannt.

Es geht der Tag, es geht die Nacht,
am Morgen weint ein leis
Gestöhn ums Haus ...
Wildkatzensammetsacht
beschleicht das Tal der Feind,
der Föhn.

(Arosa, 24. November 1912, erschienen in «Mensch Wanderer», 1927)

Schneeschmelze

Im stillen Mittagstal der
Donner rollt ...
Wer schoss den Blitz aus
wolkenlosem Blau?
Ein Schneesee brach zu Tal.

Die Sonne schoss den Blitz,
nicht einen bloss,
Legionen Strahlen auf den
keuschen Schnee:
Da schmolz sein Frost zu Tau.

Da war's um seinen weichen
Flaum getan,
dort in der Wächte, vor
des Berges Brust:
Da ward sein Flaum zu Flut

Ein Trichter Wassers wuchs
und wuchs, bis dass
Des Wassers Wucht des
Trichters Wall zerriss,
wild mit zur Tiefe riss ...

Im stillen Mittagstal ein
Donner grollt,
ein Strom hängt vom Gebirg
sekundenlang.
Ein Schneesee schiesst zu Tal.

(Arosa, Dezember 1912, erschienen in «Mensch Wanderer» 1927)

Margareta Morgenstern begleitete ihren Mann nach Arosa und betreute ihn in den letzten Jahren seines Lebens.

Im April 1913 ziehen die Morgensterns weiter nach Porterose bei Triest, dann in Sanatorien und zu Ärzten in Bad Reichenhall, München, Stuttgart, Südtirol. Die letzten Wochen verbringt Morgenstern in der Nähe von Meran. Er stirbt am 31. März 1914, wobei von der letzten Nacht der Satz überliefert ist: «Der Husten ist vierdimensional.»

Der Kranke

Oft zu sterben wünscht ich mir
und wie dankbar bin ich doch,
dass ich leb und leide noch
im gesetzten Nun und Hier.

Bleibt mir doch damit noch Zeit,
abzubauen manch Gebrest,
komm ich nimmer auch zum Rest,
wird ich besser doch bereit.

Wenn ich jetzt nicht wirken kann,
helf ich also doch dem Mir,
das dereinst nach Nun und Hier
wirken wird im Dort und Dann.

In seinen letzten Jahren wurde Morgenstern ein Verehrer von Rudolf Steiner und dessen Lehre der Anthroposophie. Er bedauerte es, dass er die Fertigstellung des Goetheanums in Dornach (1914) nicht mehr erleben konnte. Sein letzter Gedichtband, den er Steiner widmete, erschien kurz nach Morgensterns Tod. Er war auch ein Dank an seine Lebensgefährtin Margareta.

Ich hatte mich im Hochgebirge
verstiegen.
Die Felsenwelt um mich,
sie war so schön;
Doch konnt ich keinen Ausgang
mir ersiegen,
noch einen Aufgang nach
den lichten Höhn.

Da traf ich Dich, in ärgster Not:
Den Andern!
Mit Dir vereint, gewann ich
frischen Mut.
Von neuem hob ich an,
mit Dir, zu wandern,
Und siehe da, das Schicksal war
uns gut.

Wir fanden einen Pfad,
der klar und einsam
Empor sich zog, bis wo ein
Tempel stand.
Der Steig war steil, doch
wagten wirs gemeinsam –
Und heut noch helfen wir uns,
Hand in Hand.

Mag sein, wir stehn an unseres
Lebens Ende
Noch unterm Ziel – genug,
der Weg ist klar!
Dass wir uns trafen,
war die grosse Wende,
aus zwei Verirrten ward
ein wissend Paar.

(aus «Wir fanden einen Pfad», 1914)

Man gewöhnt sich beim vielen Liegen Sargmanieren an

Der lebens- und liebeshungrige Hans Morgenthaler leidet unter der töteligen Atmosphäre in den Aroser Sanatorien

Hans Morgenthaler – gezeichnet von seinem Cousin Ernst Morgenthaler.

Die faszinierendste literarische Verarbeitung des Alltags in den Aroser Sanatorien stammt vom erst in den 1980er-Jahren wieder entdeckten Schriftsteller Hans Morgenthaler (1890–1928). Hamo, wie er sich selbst nennt, weilt von 1922 bis 1924 in Arosa. Während dieser Zeit verschlechtert sich sein Gesundheitszustand laufend. Der einstmals kraftstrotzende aktive Bergsteiger und Geologe leidet enorm darunter, krank zu sein. Er hasst die tötelige Atmosphäre in den Sanatorien und sehnt sich nach einem normalen Leben. Und vor allem nach einer Frau.

Morgenthaler wurde 1890 in Burgdorf als ältester Sohn des Fürsprechers Otto Morgenthaler geboren. Er wuchs in bürgerlichen Verhältnissen auf; sein Vater war von 1899 bis 1909 Stadtpräsident von Burgdorf. Hamo studierte Botanik und Zoologie an der ETH in Zürich und promovierte 1914. 1916 begann er an der Universität Bern ein zweites Studium in Geologie. Während der Studienzeit entwickelte er sich zum passionierten Bergsteiger. Bei einer Tour auf den Tödi mit dem Akademischen Alpenclub Zürich im März 1911 geriet die Seilschaft in eine Notlage und musste im Freien biwakieren; Morgenthaler erlitt starke Erfrierungen und verlor fast alle seine Finger. Am wenigsten verstümmelt blieb der Zeigefinger der rechten Hand, so dass er weiter schreiben und zeichnen konnte. Trotz des Unfalls blieb Hamo weiterhin ein guter Bergsteiger und veröffentlichte 1916 den Erzählband «Ihr Berge. Stimmungsbilder aus einem Bergsteiger-Tagebuch», der drei Auflagen erlebte. Dann suchte er ab 1917 drei Jahre lang im Auftrag einer Schweizer Firma in Thailand nach Zinn. Wegen einer Malariaerkrankung musste er 1920 in die Schweiz zurück, fand hier aber keinen Boden mehr unter den Füssen. Von der Malaria geschwächt, erkrankte er 1922 an Tuberkulose und reiste im Juli zur Kur nach Arosa. Er war zunächst in der Pension Furka untergebracht (heute Hotel Astoria).

In den zweieinhalb Jahren, in denen er in Arosa weilt, schreibt Morgenthaler sehr viel. Er verfasst 1923 (nach einer Begegnung mit der Holländerin Lizzy Quarles van Ufford in Arosa) den Roman «Woly, Sommer im Süden». 1924 folgt ein in den thailändischen Minen spielender Roman «Der weisse Elephant». Und er beginnt einen Sanatoriumsroman («Eymanns Kur»), den er aber nicht vollendet.

Im Schweizerischen Literaturarchiv in Bern werden mehrere Fassungen von Teilen des Manuskripts aufbewahrt, die aber noch keine klare Anlage des Romans erkennen lassen. Zum Teil ist der Text in der Ich-Form geschrieben; je nach Fassung heisst die (immer autobiografische) Hauptperson Eymann, von Allmen oder Hamo. Aus den im Folgenden abgedruckten Fragmenten lässt sich die geplante Einordnung in das Ganze nicht erkennen.

Der 1916 erschienene Erzählband «Ihr Berge» war das erste Buch Morgenthalers, und es war gleich ein Erfolg. Es ist heute noch lesenswert.

Stossseufzer: Meine Lunge liegt mir auf dem Magen! Als kleines, rechtloses Schulbüblein schon erlaubte ich mir in allem und jedem meiner persönlichen Meinung zu leben, mir Himmel und Hölle mit eigenen Farben ausmalen zu dürfen, recht rosig, luftig und duftig diesen und um so schrecklicher jene.

Schon in frühester Jugend waren mir gewisse Menschenansammlungen, wie unsre Kultur sie etwa zusammenhanswurstet, furchtbar zuwider, und als unterste Stufe der Hölle, als Höllenkeller gleichsam, betrachtete ich jahrelang etwa die Table d'hôte in einem Grand Hotel, hu, wo Menschen zusammengezwungen sind, die eigentlich nicht zusammengehören! Mochten die süssesten Leckerbissen vom langen Tisch winken, mir fehlte der Appetit.

Heute bin ich nun selber in einer solchen – allerdings kleinen, harmlosen, zum Teil sogar lieben und (Hölle möcht' ich dem gar nicht sagen!) – gestrandet, weiss nicht recht für welche Sünde. Ein paar befreundete Seelen waren es, die, meinen unzeitigen Untergang ahnend, mich in diese Höhenkur spedierten. Nun, ich bin da und fühle leise: Weggestellt zur Reparatur!

Auf dem Liegestuhl. Heute ist genau der dreiundvierzigste Tag meiner Kur. Da will ich mir erlauben, dachte ich, mich mit dem vierten Loch von unten zu begnügen; das ist immer noch sehr flach und brav!

Zum Lesen ist Schnapploch zehn für die Rückenlehne zu empfehlen, ich habe es längst mit dem Blaustift angezeichnet, Schnapploch zehn und das Kissen vom Kanapee in den Nacken – so ist's wirklich keine Kunst mehr, stundenlang zu liegen, liegen und lesen. Aber dieses Halbaufsitzen, sehen sie – das weiss sogar ich Halbwilder –, hat natürlich mit dem vom Ärztekollegium anerkannten und gebilligten Liegen wenig gemein. Hingegen die Lehne ganz tief, Nummer eins oder gar nur Null – da soll der Teufel alles andere holen als ein Mittagsschläfchen.

Es sind die Tage der grossen Sonne. Morgen für Morgen, um halb neun steigt sie hinter den Bergen herauf, beginnt ihr Werk 10 cm neben dem Dachtraufablauf und wandert so erstaunlich genau parallel zu unserem Haus, dass ich nicht weiss, soll ich ihr dankbar sein oder den Grandhotelier dafür bewundern, dass er seine Liegenschaft so klar ausgerechnet hingestellt hat.

Träg wie ein Wiederkäuer, ein grosses Mittagsmahl im Magen, Sonne im Gesicht, halb in Träumen und doch wacher als irgendein aufrechter Mensch, jagt nichts mich von meinem Liegestuhl auf, bevor die Sonne hinter den Giebelbalken schwimmt.

«Den Sport, der in Liegestühligen mit verzweifelter Ausdauer betrieben wird, könnte man als Wettliegen bezeichnen»: Bei seinem ersten Aufenthalt in Arosa war Hamo in der Pension Furka, dem späteren Hotel Astoria. Beide Aufnahmen entstanden um 1920.

Es ist warm. Vom Dach tropft's hie und da. Die letzten Überbleibsel eines Regens rinnen aus dem Trauf. Kein Lüftchen regt sich, eine Spinne webt an ihrem Netz.

Berge mit weissen Kapuzen stehen im Halbrund. Fichten, dunkel und stumm, klettern immer gleich weisse Schutthalden hinauf. Die Sonne brütet auf die Veranda herab.

Stärker und wuchtiger scheint des Mittaghorns Fluh im grellen Licht des Mittags. Mehr Masse und Kraft liegt in ihr als am Morgen. So herrlich wie sie jetzt dasteht, möcht ich sie einem Verzweifelten zeigen, der an sich selbst nicht mehr glaubt.

So möcht ich selbst einmal werden, ein Berg unter Menschen, trotzig im Sturm, strahlend im Licht.

Liegen. Nachts zwölf Stunden im Bett, sechs Stunden auf dem Liegestuhl, kein Wunder, dass ein Mensch wie ich, der einmal Wanderer war, ohne Rast, aus dem Geleise geworfen nachmittags an der Sonne wie ein Hund zu träumen beginnt und nachts, statt schlafen zu können, das Mondlicht anbellt.

Je elender einer sich fühlt an Körper und je kränker sein Leib, desto lebendiger manchmal seine Seele. Farbigste Bilder füllen meine Nächte, wenn ich bald nach Mitternacht aus kurzem Vorschlaf aufschiesse; Menschen und Teufelsgestalten, Erden- und Himmelsbewohner besuchen mich, Figuren, die ich vor ein paar Tagen zufällig auf der Dorfstrasse sah, meine Leidensgenossen, mit denen ich in Wirklichkeit kaum spreche, wecken mich aus dem Schlaf auf, erregen plötzlich meine Teilnahme, fordern meinen Widerspruch heraus, meist um so schärfer, je weniger sie mich angehen und je weiter entfernt von allem Geistigen, Schönen, Wahren und Echten sie stehen.

Den Sport, der in Liegestühligen im allgemeinen, in unserem Grandhotel im speziellen, und zwar mit verzweifelter Ausdauer getrieben wird, könnte man als ein «Wettliegen» bezeichnen.

Man hat mir Ruhe vorgeschrieben. Ruhe tue mir gut. Ich soll nicht laufen. Liegen soll ich. Am Morgen spät aufstehen, nach dem Frühstück auf die Veranda liegen bis zum Mittagessen, auch nachmittags liegen, liegen und höchstens vor dem Abendessen ein paar Schritte ganz leise gehen, ebenen Wegs am besten. Es lebe der Halbtotenbetrieb!

Hier in Ausspuckligen ist's stumpfsinnig wie in einem Familiengrab. Dieses Halbkrepiertenmilieu ist tötelig, und man gewöhnt sich bei dem vielen Liegen langsam Sargmanieren an.

Zwar geht jetzt langsam die Saison an und bringt neues Leben in den Ort. Man sieht in lächerlicher Aufmachung in allen Farben die ersten exotischen Schieber, Makaken und Kursaalaffen in ekelhaftesten Wintersportskostümen herumtürken, pfui Teufel, Männlein und Weiblein der modernen Gesellschaftsklasse, der vollständig seelenlosen, dass man sich am liebsten in eine Schneehöhle an der Waldgrenze oben zurückziehen und auf diese ganze verpfuschte Herde hinunterspucken möchte.

Kurhausleben. «Sie husten auch wieder», sagte heute morgen Soerensen zu mir auf der Treppe. Ist das vielleicht Anstand? Sagt man zu einem Mitpatienten: Sie husten wieder! Und mager bin ich auch, denkt da der arme Angeredete, mager bin

ich wieder mit wüsten Schatten im Gesicht! Bin ich zu wenig gelegen? Das ist seelische Magerkeit. Schande über jeden, der trotz der Not der Zeit fett und wohlgenährt wird.

Einer, der nicht ein wenig den Tod im Gesicht trägt, hat unsere Zeit nicht verstanden.

Dein Tod ist nicht mehr Ereignis, als wenn ein Blatt vom Baum fällt, dein Sterben berührt des Herrgotts Pläne nicht mehr, als wenn eine Mücke stirbt.

Felicitas, das Zimmermädchen. Aber am meisten belustigt mich das Bild, das Felicitas vom Dr. Hamo auf Zimmer 7 entwirft, der immer ein Gesicht schneidet, als ob er etwas denken würde, und so viele Gspusibriefe erhält, dass er manchmal mitten im Essen zu lachen beginnt, und dann in seiner Verlegenheit Brosamen mit dem Dessertlöffeli zusammenscharrt und häufelt oder mit seinem langen, grossen Halbschuh wie verrückt zu schaufeln beginnt.

Heute beim Heidelbeer-Nachtisch meinte sie: «Heute abend können Sie nicht mehr ausgehen. Sie bekommen jetzt ein schwarzes Schnörrli.» «Hihihi. Sie übermütiges, Sie liebes, du heisses, lustiges Weiblein!»

«O du mit deinen lieben schönen
Brüsten!»
«Die kümmern mich wenig.
Ich denke nie daran.»
«Glaub schon, wenn man sie den
ganzen Tag mit sich herumträgt.»
«Adieu, ich muss jetzt hinauf.»
«Ich möchte Sie ca. 33 Stunden
lang ununterbrochen im
Nachthemd angucken.»
«Ihr Männer seid alle Verbrecher!»

Jeder Mensch hat uns Seelengrüblern, Herzerschnüfflern etwas anzubieten. Zimmermädel, scheint's, sind dazu auf der Welt, dass man sie in das Bein klemmt. Vielleicht ist das besser, als keine Mission zu haben.

Heute morgen war Hamo schlechter Laune. Die Tit. Hoteldirektion hatte ihm zu verstehen gegeben, dass ihr ein solcher Bräuki, ein solcher Tubäckler, der sein Frischluftzimmerli derart bestialisch verrauche, dass der Geruch wahrscheinlich drei Jahre nicht mehr herauszubringen sei, ihr denn doch wirklich noch nicht vorgekommen sei; und dass es jedenfalls eine einzigartige Methode der Luftkur sei, sich stundenlang in diesen Qualm hineinzusetzen; und für das Grandhotel sei das auch keine besondere Empfehlung und Reklame, wenn Hamo nach halbjährigem Aufenthalt in Kurligen kränker weggehe, als er gekommen sei.

Ich habe behauptet, es fehle hier oben in Liegestühligen an aller Anregung. Ich muss mich verbessern. Anregung gibt's schon, aber meist nur negative – Wut, Entrüstung, Ekel bis zum Blutspeien.

Des Erzbergs spitzer Gipfel sticht in den blauen Himmel. Manchmal möchte ich der Alte sein, es zieht mich hinaus, in die Weite. Und so wenig mir vor Jahren diese kleinen Berglein bedeutet hätten – heute wäre ich glücklich, der ganzen Schlappsackgesellschaft entrinnend auf den Erzberg zu klettern. Auf einen zum vor Scham rot werden niedrigen Punkt beginne ich krampfhaft emporzuschauen.

Nicht jeder hat ein ebensohohes, schönes Ziel wie ich. Philip der arme Teufel – er sieht trotz Sonne wieder bleich wie ein Kartoffelschössling aus. Philip meinte neulich, und für einen Moment trat all seine Energie, die ihm bleib, ins Gesicht, «Ich hoffe, im nächsten Frühling es versuchen zu dürfen, ganz vorsichtig wieder in die Stadt überzusiedeln. In die Stadt. Zur Arbeit zurück. Man sollte endlich mit seinen Studien zum Abschluss kommen. Ich habe vor einem Jahr im Sommer es versucht, drunten zu leben, trotz fortwährenden Fiebers auszuharren. Vielleicht geht's im nächsten Sommer besser.»

«Es ging also damals nicht?»

«Nein ich musste den Versuch abbrechen. Der Arzt meint, ich hätte damals mich definitiv endgültig ruiniert.»

Es ist erstaunlich, wie wenig vom Leben diese Menschen verstehen. Wie sie sich vor dem Tod fürchten und waren doch schon tot geboren. Neunzig Prozent dieser Kranken, die da mühsam und kostspielig aufgefrischt werden, sind der Natur gleichgültig, könnten grad so gut tot sein.

Promenade. Die Sommersaison ist zu Ende, das Lachen auf dem See ist verstummt, die Dorfwege sind leer geworden und all die Schönen fort.

Wenn ich gegen Abend spazieren gehe, wie ein Sträfling gierig nach ein paar freien Bewegungen, dann begegne ich immer den gleichen wenigen, die auch nach langen Liegestuhlstunden sich an ihr früheres Leben erinnern, an eine Vergangenheit, die vielleicht wiederkommt. Die Strassen sind verödet, G. mit den Schnabelschuhen sammelt Pferdeäpfel. So wenige Freunde sind da, dass es ohne grosse Mühe möglich ist, den Namen jedes hübschen Mädchens und jeder Schönheit, sei's aus dem Fremdenblatt oder sonstwie, in Erfahrung zu bringen.

Hans Morgenthaler auf der Poststrasse in Arosa.

Im Eymann-Dossier liegt auch das folgende Schreiben, von dem nicht klar ist, ob es ein tatsächlich abgeschickter Brief, ein Briefentwurf oder ein Teil des Roman-Manuskripts ist:

Arosa, 4. Juni 24

Lieber Herr Doktor,

Um ehrlich zu sein, möchte ich glaub einen Programmwechsel vorschlagen. Es wird vielleicht besser sein, wenn ich bis zum Frühjahr nicht mehr zur Untersuchung komme. Ich glaube nicht, dass es mir etwas nützt, mich jeden Monat daran erinnern zu lassen, dass ich so und so kaputt sei und eigentlich auch im besten Fall nie mehr anständig gesund werde. Ich vegetiere nur nach einer solchen Visite, die meinen ganzen Widerstand und Widerspruch herausfordert und meinen ganzen Hass gegen mich selbst, plötzlich der ganzen Angelegenheit mit einem Strick ein Ende zu machen.

Darüber sind wir ja beide einig. Es kommt bei dieser Krankheit weniger auf den Arzt draufan als vielmehr einzig und allein auf den Patienten, und zwar auf dessen Glauben. Und da habe ich sie bis gestern angeschwindelt. Es ist nicht wahr, dass ich mir Mühe gebe. Es ist nicht wahr, dass ich gesund werden will. Und wenn ich ehrlich sein soll, muss ich sagen, dass ich an 25 Tagen im Monat nur den einzigen Wunsch habe: zu verrecken, und dass ich danach lebe und seit April ununterbrochen von morgens bis abends rauche. Und das muss ich Ihnen sagen, wenn doch mein Vater Sie nach mir fragt.

Es geht mir keine Spur besser als irgendwann in den letzten drei Jahren. Und alles in mir sträubt sich dagegen, gesund zu werden, solange ich nicht weiss, wozu, solange ich in dieser idiotischen gottverschissenen Schweiz wie ein verreckender Hund leben muss, diesem wahrhaften Arschloch der Welt, wo jedes 2. Weib ein korrumpiertes, falsches, verlogenes Mondkalb und jeder 2. Typ ein rasseloser Langweiler ist.

In diesem Scheissdreck drin weigert sich alles in mir, gesund zu werden. Und drum ist es eigentlich eine Farce, was wir miteinander treiben. Drum wollte ich nicht zum Arzt, weil ich nicht gehorche, vielmehr seit April, seit ich in dieser Proletarier-Pinte oben wohnen muss, ununterbrochen rauche. Weil ich auf diese Art auf mein Dasein verzichte.

In diesem verlogenen, verheuchelten, falschen, gottverdammten Schafseckelland Schweiz will ich nicht gesund werden, sondern verrecken. Wenn mein Alter, der schliesslich schuld ist, dass ich als ein Riesenviech zur Welt kam, etwas von mir wissen will, so schreiben Sie ihm das. Dass ich mich über kurz oder lang erhenke. Da er sich doch dazwischen glaubt, schicken Sie ihm vielleicht wenigstens die Rechnung.

Am 1. Mai 1925 gehe ich via Erzhorn weg. Bin dann entweder gesund oder schiesse mich tot.

Mit herzlichen Grüssen
Ihr H. Morgenthaler

Im Literaturarchiv findet sich im Eymann-Dossier auch ein Text «Von Allmens Tod». Er spielt in Arosa und ist eindeutig autobiografisch. Es ist unklar, ob Karl von Allmen eine Figur im Eymann-Roman sein sollte oder ob dieser Text nicht vielmehr in den autobiografischen Roman «In der Stadt – Die Beichte des Karl von Allmen» gehört, den Morgenthaler 1926 schrieb, als er von der Krankheit schon schwer gezeichnet war. «In der Stadt» wurde erst 1950 veröffentlicht (und 1981 neu herausgegeben), allerdings ohne den folgenden Text.

Von Allmens Tod. Es war vier Uhr morgens, als ich das letzte Blatt dieser entsetzlichen Beichte weglegte, aber ich dachte noch nicht ans Schlafen. Ein kalter, klarer Hauch von jener würzigen Bergluft, bei der von Allmen umsonst Hilfe und Genesung gesucht hatte, strich durch das halbgeöffnete Fenster in mein Zimmer.

Ich weiss nicht, wie lange ich nach der Lektüre noch wach lag. Als ich gegen Mittag plötzlich aus traumvergiftetem Schlaf wachschoss, brannte neben mir das elektrische Licht, den ganzen Tag schmerzte mich mein Kopf, und ich litt an einer Art Krankheit, die ich als Gedankenverwüstung kennzeichnen möchte.

Ruhelos und von der Erinnerung an alle Unannehmlichkeiten, die ich in meinem Leben hatte, gepeinigt, strich ich bis zum Abend auf Ski am Tschuggen herum, fortwährend durch von Allmens Schatten

Der Roman «In der Stadt – Die Beichte des Karl von Allmen» ist autobiografisch. Er ist erst 1950, 22 Jahre nach dem Tod Hans Morgenthalers, erschienen.

verfolgt, unglücklich erregt und mit etwas kämpfend, das ich mir umsoweniger klar vorstellen konnte, je fester ich daran zu denken versuchte.

Nach dem Abendessen ging ich scheu und ängstlich, etwas zu vernehmen, das nicht zu dem gleichwohl schönen Bild passen könnte, das ich aus von Allmens letzten Aufzeichnungen von dessen Kämpferleben empfangen hatte, zu Kurdirektor Schnee hinüber.

«Von Allmen», meinte dieser nach längerem Schweigen, «stand damals jedenfalls in einer kritischen Periode seiner Kur. Nach monatelangem Liegen war er an dem Punkt angelangt, da er, wie er sich selber ausdrückte, entweder endgültig wieder ein Mensch sein wollte, und zwar ein gesunder, oder meinetwegen kaputtgehen.

Niemand in seiner Umgebung ahnte, als er Anfang Dezember pfeifend und singend seine Ski rüstete, dass es bei ihm auf Leben und Tod ging ...»

Der Posthalter von Arosa, der damals einen freien Tag hatte und als letzter Zeuge von Allmen an den Wald- und Weidehängen des Tschuggen Skischwünge üben sah, in der freien Natur draussen, die jener einst so glühend liebte, dieser zufällige, letzte Begleiter von Allmens erzählt:

«Ich war erstaunt, Herrn von Allmen, den ich früher oft kränklich auf der Dorfstrasse herumhusten gehört hatte, hier oben wie wütend Skifahren zu sehen. Ich erkannte auf den ersten Blick, dass er einst sehr geübt gewesen sein musste. Jetzt fuhr er wacker und wie früher in gesunden Tagen drauflos, aber es spickte und sprengte den Geschwächten derart in den Hängen herum, dass das Zuschauen ungemütlich war, und ein Kind konnte merken, dass da einer Ski fuhr, dem die Kraft dazu fehlte. Manchmal, wenn er von einem Sturz aufstand, hustete er sein halbes Leben heraus ...»

Und die Wirtsleute der Pension Furka, die Zimmer an Zimmer mit ihm wohnten, berichteten: «Wir waren hocherfreut, zu sehen, wie in jenen ersten Wintertagen Herr von Allmen ordentlich auflebte, wie er, der sonst immer in tiefen, offenbar melancholischen Gedanken zu stecken schien, auf den Winter hin fröhlicher wurde und sogar lebendig und zuversichtlich von der Zukunft zu sprechen begann.»

Was jene letzte Unglücksnacht betrifft, meinen sie: «Nichts liess im Geringsten die Nähe einer Katastrophe ahnen. Abends nach jenem letzten Skitag, da er, wie er selbst zu sagen pflegte, ‹es elend fein gehauen hatte›, sass er aufrechter als sonst beim Essen, einen Anflug neuer Gesundheit im Gesicht, hatte noch bis gegen zehn

Uhr Licht im Zimmer, schien, wie das abends seine Manier war zu schreiben, wobei er hie und da leise pfiff. Vor dem Einschlafen hustete er kurz, dann blieb alles ruhig.»

Von Allmens Pensionsvater, Herr Maron, behauptet jetzt nachträglich, er glaube, mitten in der Nacht gehört zu haben, wie der Kranke nach einem kurzen, aber überaus heftigen Hustenanfall das Bett verliess.

Jedenfalls hat Karl von Allmen dann in einer seiner Ganz-oder-gar-nicht-Stimmungen kurzen Prozess gemacht.

«Uns Aroser interessiert nun besonders die Frage, wie stark die Lunge an von Allmens Tod Schuld sei. Dr. Behrens, der den Verstorbenen behandelte, neigt zu der Ansicht, dass nicht der leichte, kleine Lungenbefund unseren Freund in den Tod getrieben habe, sondern vor allem jene scheussliche, mönchische Methode der Kasteiung und Selbstquälerei, die von Allmen einst halb stolz und halb im Spass in sich zu züchten begann und die ihm nun über den Kopf hinauswuchs. Ein halbwegs normaler Mensch, das glaube auch ich, wäre an Karl von Allmens Lunge nicht zu Grunde gegangen ...»

Ich schaute Freund Schnee in die Augen ohne ein Wort.

«Ja tatsächlich», fuhr Schnee darauf mit seinem traurigen Berichte fort, «es stimmt, was man sich hier ins Ohr flüstert – an der Storenschnur hat Karl von Allmen sich erhängt! Auf seinem Kur- und Liegebalkon, wo er seine letzten Monate verbracht, sich von der Sonne braten gelassen, von wo er träumend in die weiss verschneiten Berge, in die Zukunft und rückwärts ins Leben hineingeträumt, wo er gelebt, gelitten und gekämpft hat ...»

Der Portier des Sanatoriums entdeckte am nächsten Morgen als Erster das Bündel, das über die Brüstung der Pension Furka hing. Er traute seinen Augen nicht, erkannte aber durchs Fernglas zu seinem Schrecken die Leiche.

Als man von Allmen herunterschnitt, war er steinhart gefroren und bläulich wie eine chinesische Porzellanfigur. Felicitas, das Zimmermädchen, weinte: «Herr von Allmen war immer anders als alle andern Kurgäste. Ich hatte ihn trotzdem gern.»

Weil ihn sein Vater nicht im gewünschten Ausmass finanziell unterstützt, wechselt Hamo Ende März 1923 in die Pension Villa Anita. Er ist wegen seines sich verschlechternden Gesundheitszustands, aber auch wegen seiner Einsamkeit und der Langeweile verzweifelt und denkt an Selbstmord. In einem Brief, der im Literaturarchiv liegt, richtet er am 8. November 1923 schwere Anschuldigungen an seinen Vater.

Lieber Vater!
Jetzt leck mir nächstens am Arsch mit Deinem stinkigen «Brotkorb». Du alter Bauer, Geizhals, Feigling! Schämst Du Dich nicht Deiner zum Himmel schreienden Käs- und Brot-Philosophie. Wenn Du noch nicht gelernt hast, Scheissdreck von etwas Rechtem zu unterscheiden, dann behalte Deine Ratschläge für Dich. Hundsmiserabler könntest Du mich nicht im Stich lassen, als in dem Du mir solche entsetzliche, senile, Kriecher-Briefe schreibst. Ich habe Dir ja schon oft geschrieben, dass Du mich im Stiche lassest. Ich weiss es wohl, ich habe einen alten Bauern zum Vater, dessen Religion Geld heisst! Statt einem zu helfen!!!! Pfui

Teufel! Wenn Du mich wegen Geld hast studieren lassen, dann hättest Du einen Kontrakt mit mir abschliessen können, schriftlich die Prozent abmachen können, die ich abwerfen soll! Merci! Wenn Du mich scheltest, mein Studium habe sich nicht gelohnt, wenn Du nicht siehst, dass ich unter Verzicht auf alle Annehmlichkeiten mit unsäglicher Mühe versuche, etwas zu werden, zum Unterschied von Euch allen, Ihr Sau-Füdlibürger, Ihr Sau-Bauern, Geizhälse und Feiglinge, dann frage ich Dich auch nicht mehr erst an, wenn ich mich erschiesse.

Wenn Du mich töten willst, dann schreibe mir mehr solche Briefe, damit ich recht deutlich immer wieder sehe, dass auch ich mit Spuren der gleichen niederträchtigen Füdlibürger-Instinkte, Geiz und Feigheit ehrlich infiziert bin, wie schon meine Väter, die daran schon zu nichts kamen und keine Resultate erreichten.

Himmeldonner! Wozu hast Du gelebt, wenn das das Resultat eines Lebens sein soll? Eine solche stinkige Fünfliber-Philosophie.

Ich sage es klar: Ich habe keinen Brotberuf zu finden. Ich habe von Wissenschaft nichts zu erwarten, ich habe keine Freunde, die mir helfen können, ein Füdlibürger zu werden. Ich bin und bleibe was ich bin!!

Das einzige was ich noch lernen kann ist: noch ein wenig anspruchsloser zu werden. Noch ein wenig ähnlicher wie ein Kind leben lernen. Noch ein wenig besser überzeugt werden, dass Ihr alle, alle, alle meine Brüder und früheren Freunde, dass sie alle gekrochen grindvoran dem Untergang entgegen gegangen sind und dass ich recht habe, und dann noch recht haben werde, wenn ich tatsächlich am Hungertuch angekommen nichts anderes mehr tun kann als mich erschiessen.

Auch dann noch ist das Verdienst auf meiner Seite. Ich werde bis zum letzten Moment Euch feige, kriecherische Wohlleber und Faulenzer verachten! Ich will keinen Brief von Dir! Ich glaube nicht mehr an Dich! Und zum Arzt gehe ich unter keinen Umständen, jetzt schon gar nicht, da ich sehe: je schneller ich mit meinem Geld fertig bin, umso schneller falle ich in die Klauen eines alten Bauers.

Hamo

Als sich seine finanziellen Verhältnisse verschlechterten, wechselte Morgenthaler im März 1923 von der Pension Furka in die 1907 gebaute Pension Villa Anita.

Ab 1923 korrespondiert Hamo mit der in Wien lebenden Sängerin Ina Galli, die er 1922 kennen gelernt hat und in die er sich in der Folge verliebt. Die Künstlerin ist zur Hälfte malayischen Ursprungs, Hamo nennt sie Indah. Der Briefwechsel ist unvollständig erhalten. Morgenthaler wollte die Indah-Geschichte offenbar literarisch verwerten; einzelne erhaltene Briefe sind möglicherweise gar nicht verschickt worden, sondern müssen als Manuskripte für ein (nie fertig gestelltes) Indah-Buch verstanden werden.

8. November 1923

seit Monaten liege ich in Arosa, nicht zwar zu denen gehörend, die auf nichts mehr hoffen dürfen als auf ein letztes, stilles Plätzlein beim Kirchlein zum ewigen Schnee, aber doch krank genug, mit dem von jenem für Lungenkranke charakteristischen Hunger nach Liebe und Pflege und Glück besessen, an dem kein Gesunder zehrt.

Ja, krank bin ich geworden, wie ein eingesperrter Adler, krank in diesem Käfig der Bürgerlichkeit «Schweiz», wo dem freien Menschen nichts anderes übrig bleibt, als vor jämmerlicher Enge zu ersticken.

Ich bin krank, ich bin stolz darauf, unter den strengen, mir von der Heimat gebotenen Lebensbedingungen nicht leben zu können. Ich will ehrlich sein und offen gestehen, mir scheine, der Weg zu neuen Möglichkeiten führe unweigerlich durch den Tod.

Indah, in diesem Zustand fand mich Dein Brief, da ich dieses verhasste, verlogene Pensionsleben unterm Geschwätz fremder Leute satt hatte, bis ans Dach hinauf; begreife, dass ich auf Deinen ersten Brief hin von einem eigenen kleinen Heim träumte, von einer eigenen stillen Pflegerin, die so tapfer wäre, es mit mir Ungeduldigem für einige Zeit zu versuchen. Entschuldige, wenn da vor meinem inneren Auge stille Freuden aus der einfachen schönen Welt Siams vor mir auftauchten in Erinnerung an dein malayisches Gesicht.

Seiner Bekannten Elisabeth Thommen berichtet Morgenthaler im Mai 1924 begeistert vom neuen Schwarm. Er stehe «im Zeichen eines nahbevorstehenden Festes», werde «auf einige Tage in die neblige Tiefe der eidgenössischen Ebene hinabkriechen» und dort «für einige Zeit gegen alle Welt mit Indah amoklaufen»:

«Nun wird der Herr Hamo mit seiner malayischen Frau hihihui in einem fressbädliartigen Kurhaus, das er sich für solche Zwecke längst aus einem Zeitungsinserat merkte, ein Gastspiel geben.

Nun wird er den Galan spielen als wäre er ein amerikanischer Millionär und sie ein Kinostar aus New York. Jetzt gute Nacht ihr Schweizer Käs- und Brot-Sitten! Lebemännerwelt, tue dich nochmals auf! Es lebe die schwüle Nacht. Gadja buta ada dapat bini = ein blinder Elefant fand eine Frau!

Wisset Ihr Frau Elisabeth, ganz maladaisch sieht sie aus mit einer angenäherten orang Nase, mit halbbraunem Täng und schwarzen, schön geschwungenen Augenbrauen wie gemalt. Und mit einem Temperament von dreissig Rossen, mit einer Sprache, deren Finessen nur ich verstehe und schön weich ist sie wie ein Plüschkanapee, und ich rede schon jetzt nichts anderes mehr als malayisch, und es ist jetzt

Frühling und nächstes Jahr lade ich sie ein zu einer Italienreise! Und – vergessen Sie nicht – dabei ist sie nicht irgendein Urwaldhuschi, sondern hat die Gefühle und Bildung einer feinen Europäerin.

Oh Herrgott, welch eine Überraschung! So ganz unerwartet am tiefsten Grund des Meeres plötzlich a söttig schöne Fisch!

Ob dieses Treffen in einem «fressbädliartigen Kurhaus» stattgefunden hat, ist nicht bekannt. Hamo macht Indah nämlich einen andern Vorschlag: Er lädt sie nach Arosa ein.

Arosa, 17. Mai 1924

Liebe Indah!

Weisst Du was, Du Indah-Indah-Köstliche? Weißt Du, was besonders köstlich würde?

Wollen Sie nicht den Sommer oder einen Teil des Sommers mit mir in Arosa verbringen? Könnte das nicht fein werden? Könnten wir nicht zusammen eine kleine Wohnung von zwei Zimmern und Küche nehmen? Wollen Sie nicht versuchen, mir ein wenig Freundin zu spielen? Dürfte der Hamo nicht versuchen, Ihnen vorübergehend Privat-Dichter zu sein? Würde es Sie nicht beglücken, das Mittel zu sein, durch das ein armer Teufel von einem einsamen Menschen vor lauter Freude wieder gesund würde? Vor lauter Dankbarkeit! Und das Rauchen, an dem er sonst zu Grunde geht, gern zeitlebens vergässe!

Es ist hier ganz hübsch für eine Indah: Wälder, Seen, Berge und Weiden, man kann spazieren, faulenzen und bummeln und Ihrer Stimme wird's hier oben gut tun, so dass Sie nächsten Winter wieder krähen können wie eine frischgeborene Tag- und Nachtigall.

Lassen Sie mich sofort Genaues wissen, damit ich auf Wohnungssuche gehen kann; es eilt, da die Saison nahe ist. Sie würden einen armen Teufel jauchzen machen und er würde sich so dankbar wie irgend möglich erweisen.

Hamo

Hans Morgenthaler verliebte sich in die in Wien lebende Sängerin Ina Galli, die er Indah nannte. Er lud sie nach Arosa ein und mietete dafür extra eine Wohnung – doch sie kam nicht.

Wenige Stunden später folgte ein zweiter Brief.

Arosa, nach der Recognoszierung
von Wohnungen. Sonntag morgen.
Liebes Tierchen,
Ich fand soeben dicht neben meiner Pension eine herzig kleine Wohnung, die mir über alle Massen gefällt, und die ich miete, sobald Du mir Bericht machst. Telegraphiere mir sofort den Tag Deiner Ankunft und die Sache ist fix.

Es handelt sich um die obere eines Zweiwohnungen-Chaletchens in ruhiger Lage. Ein grösseres Wohnzimmer mit Veranda nach Süden, ein kleines Zwei-Bett-Schlafzimmer, eine geschlossene Veranda mit noch einem Bett, Bad, Küche, Keller und Waschküche, alles automatisch, elektrisch, härzig und nett.

Und nun könnte man je nach Bedarf und Gutdünken die drei Betten verteilen. Entweder je eines in ein Zimmer. Oder Du und die Freundin bewohnen eines und der Hamo schläft auf der Veranda, oder, wenn ihr ein dreiköpfiges Weibervölklein seid, bewohnt Ihr das Häuschen und ich behalte mein Zimmer hier – welch letztere Lösung aber nicht recht dem Zweck der Veranstaltung entspräche! Und wenn Du allein kommst, schmeisse ich Dich in die zwei Ehebetten, die erwartungsvoll neben einander stehen, so dass Du prächtig kreuz und quer liegen kannst.

... und kein Hahn würde krächzen darnach!

Jetzt hören Sie mal, liebe Frau Indah, wäre ich ein grosser Redner, so würde ich jetzt die Vorzüge des Aroser Hochalpenklimas spez. für Hals und Stimmbandkünstler mit allen Farben des Regenbogens ausmalen, doch weisst Du selber: Etwas Besseres kannst Du im ganzen Alpenland von Wien bis zum Montblanc nicht finden!

Und die Unkosten gehen so. Das Ding kostet ganze 150 frs. im Monat, wovon aber Dein Hamo gern soviel übernehmen will, dass das Viehnanzielle wirklich keine Rolle spielt. Es könnte also ebenso schön wie auch – preiswürdig, das ist das Wort! – werden. Telegraphiere mir also den Tag ich miete die Bude. Alles übrige wird dann einfach ein wochenlanges Fest der Liebe und des Gottvertrauens.

Slamat! Hamo!

Arosa Sonntag abends
Du Prachts-Indah!
Du machst Dir keinen Begriff, wie niedlich und hübsch das kleine Wohnüngli ist, das härzigste Appartemängli. Und so wunderschön abgeschlossen, eine Welt für sich. Ich glaube, da liegt eine Möglichkeit zu gegenseitiger Verschönerung des Daseins, wie es keine zweite gibt.

Ein paar Ideen kamen mir noch ins Bewusstsein geschwommen: Es wird gut sein, Dich darauf aufmerksam zu machen, dass Du den Hamo weder auf dem Stadium des Wickelkindes noch als einen aus dem letzten Loch Pfeifenden antreffen wirst, dass er weder an Krücken geht noch auf dem Sargdeckel den letzten Marsch übt. Sondern – scheinbar ist alles in Ordnung, bloss noch nicht ganz. Irgendwelche Bedenken in dieser Richtung braucht die Indah nicht zu nähren, wenn ich jetzt dann nicht mehr rauchen werde, hört bei dem schönen Wetter auch bald jeglicher Husten und Katarrh auf. Und ein wenig werde und soll ich mitbummeln, nur nicht ganze Tage lang.

Hans Morgenthaler und die Berge, gesehen von seinem Cousin Ernst Morgenthaler.

Ordne an, Königin, verfüge über mich, befehle, nur bitte schnell, damit niemand uns das Nestchen vor der Nase wegnimmt.

Tuan harap ... dein Herr hofft ...

Hamo

Doch es kommt ganz anders. Indah kommt nicht nach Arosa, jedenfalls nicht sofort. Sie antwortet Hamo, der Gedanke, «in einem Häuschen mit lauter fröhlichen guten Bekannten zu wohnen, zu kochen und feiern», sei entzückend. Aber zuerst reise sie jetzt nach Wien und sehe dann weiter. «Komm armes Hamölein, lass Dir schmeicheln, lass Dich streicheln, leg deinen kantigen Kopf auf meinen Sarong und sei sanft und geduldig, bis ich in der Ameisen-Grossstadt alles geordnet habe.» Hamo ist grenzenlos enttäuscht und sagt das ganze Projekt ab.

Liebe Indah,

Nun wirst Du es mir nicht einmal übel nehmen können, wenn ich behaupte, Du seiest ein Riesen-Ayam; daran, dass Ayam auf malayisch «Huhn» heisst, bin nicht ich schuld. Da sitze ich armer dummer

Träumer als der Besitzer einer kontraktlich auf drei Monate gemieteten Wohnung, und statt dass ich morgen mit einer schönen Frau dort einziehen kann, nachdem sie doch tat, als ob sie wirklich und wahrhaftig einmal amoklaufen wolle – statt dass das alles, was Du mir schriebest, jetzt wirklich Hand und Fuss hat, sehe ich aus Deinem letzten Brief erschreckt, dass alles wieder nur blaue Phantasie ist und gar nicht so gemeint, wie es aussah und wie ich es mir träumte. Ich werde es mir in Zukunft zweimal überlegen, bevor ich mich je wieder auf so unsichere Zusage hin derart familiär (fast wie ein laki-laki-Ehemann) anstrengen werde.

Hast Du denn wirklich nicht begriffen, dass es sich drum handelte, rasch und klar und sofort Ja oder Nein zu sagen? Ich kann jetzt schauen, wie ich einen Untermieter finde! Ihr Frauenwesen seid doch alle miteinander ähnlich konstruiert, mit einer Windmühle im Hirn und Wasserspülung im Herzen. Schnattern könnt Ihr wie die Gänse, bleibt Euer Leben lang ohne ein einziges ganzes echtes Gefühl.

Hast Du denn nicht gemerkt, dass ich sofort mieten musste und wirklich überzeugt war, Du kommest bald? Ich konnte doch unmöglich ahnen, dass Du zuerst wieder für einen ganzen Monat nach Wien zurückreisest, wenn Du doch da bist und mir schreibst, Du wollest den Sommer in der Schweiz verbringen. Dieser Sommer hat nach meinen Begriffen begonnen!

Und aus Deinem letzten Brief sehe ich zugleich, dass Du mit anak ayam mit Hühnchen (Kuckückleins) in der Welt herumziehst. Die aber sind zu ehrlichem, grimmigem Amoklaufen doch nicht geeignet, nicht einmal zum Zusehen. Denn Amoklaufen heisst nach den Begriffen eines mit dem nahen Untergang Ringenden: Einmal wenigstens in diesem kurzen Leben noch wahr und wahrhaftig gegen eine verlogene Gesellschaft anrennend zu zweit es schön haben, einmal noch leben vor dem Tod. Das aber scheinst Du anders zu meinen. Schulknabenspielereien und Kindergartenwirtschaft mit kaum recht flüggen Wienerhühnchen meinte ich aber eigentlich nicht.

Entweder – oder lieber gar nichts.

Schlucke diesen Brief, versuch ihn zu schlucken. Eine Wohnung nur für den Juli wird leider nicht zu finden sein. Jedenfalls hüte ich mich, eine zu suchen, solange ich nur solche Wirbelwind-Briefe in der Hand habe und nicht Dich selbst.

Ich selbst.

Nach der Enttäuschung mit Indah fängt Hamo wenig später eine Liebesbeziehung mit Elisabeth Thommen an, der Frau des Schriftstellers Jakob Bührer. Hamo hatte die beiden 1923 in Arosa kennen gelernt und war seither mit Elisabeth Thommen befreundet. Als das Paar im September 1924 nach Davos zieht, wo Bührer eine Stelle als Propagandachef des Kurvereins antritt, folgt ihnen Hamo. In Davos verliebt sich Hamo über beide Ohren in Thommen, die die Liebe zunächst erwidert, sich aber nach langem Hin und Her im Februar 1925 für ihren Mann entscheidet. Morgenthaler läuft Amok, zerschlägt die Glastür zu Bührers und Thommens Wohnung und sticht mit einem offenen Messer alles kurz und klein. In der Folge lässt sich Hamo freiwillig in die psychiatrische Heilanstalt Waldau bei Bern einliefern, wo er bis Herbst 1925 bleibt. Dann zieht

er ins Tessin und schreibt Gedichte; seine Versuche, einen Verlag für seine Prosa-Manuskripte zu finden, scheitern.

Nach einem Selbstmordversuch und einem weiteren Aufenthalt in der psychiatrischen Klinik trifft er Ende 1926 Marguerite Schmid wieder, eine Freundin aus der Studienzeit, mit der er endlich ein Liebesverhältnis aufbauen kann, wie er es immer gesucht hat. Doch das Glück währt nicht lange. Im Herbst 1927 verschlechtert sich seine Gesundheit massiv; die Tuberkulose meldet sich zurück, und im Dezember reist er zur Kur nach Montana. Dort schreibt er am Weihnachtstag 1927 die Verse:

> «Lieber Gott
> Schlag mich tot
> Nimm von mir dies wüste Leben
> Dann werd ich Dir ein Müntschi
> geben»

Die Kur in Montana nützt nichts, Marguerite Schmid holt den Sterbenden nach Bern zurück. «Oh Herrgott, dies liebe, herrliche Geschöpf, und trotzdem verreck ich wie ein Schneetoggel im Frühlingsregen», schreibt Hamo Anfang 1928. Er stirbt am 16. März 1928 in Bern. Marguerite Schmid veröffentlicht 1930 das «Testament eines Schwindsüchtigen» mit ergreifenden, todessehnsüchtigen Gedichten Hamos.

1930 erschien das «Testament eines Schwindsüchtigen» mit todessehnsüchtigen Gedichten Morgenthalers. Es wurde von seiner letzten Freundin Marguerite Schmid herausgegeben.

Totenjodel

Ich habe nun genug von dieser Welt,
Bin grau und alt, bin runzelig
geworden,
Bin voll Müdigkeit, voll Sorgen
Und zu Tod und Neugeburt bereit.
Viele Blumen hab ich pflücken dürfen,
Manche Frauen haben mich geliebt,
Auf dem Meer, auf hohen Bergen
habe ich gebetet,
Vor der Wüste gelb und rotem
Angesicht.
Braune nackte Frau im Dschungel,
Dirne im schwarzen Abgrund
der Stadt,
Ewiger Schnee im Blinklicht
der Sterne –
Alle habt ihr ein Zittern gebracht.
Jedoch Heim und Heimat
hab ich nicht gefunden
Drum erlös, erlöse mich o Gott,
Mache mich kalt mache mich tot,
Lösche das unnütz brennende
Feuer in meinem Herzen!

Nun entstieg den Tälern schnell massiges Dunkel

Theodor Däubler über das Spiel des Lichts und der Farben in Arosa

Theodor Däubler, der mehrmals zur Kur in Arosa war, liebte die «klare, goldig durchsonnte Höhenluft».

Theodor Däubler (1876–1943) weilte mehrmals in Arosa. Der expressionistische Dichter war ein Mystiker des Lichts. Sein Hauptwerk, das für den heutigen Geschmack schwer zugängliche, 30 000 Verse umfassende kosmische Epos «Das Nordlicht» dreht sich um Sonne, Licht und Erde. Däubler bereiste ganz Europa; er war ein wandernder Bohémien. Seine Gedichte fanden wenig öffentliches Echo, doch war er in Literatenkreisen geschätzt. 1921 besucht er erstmals Arosa. Am 17. Januar hält er im Waldsanatorium eine Lesung, bei der die vorgetragenen Teile aus dem «Nordlicht», wie das «Aroser Fremdenblatt» berichtet, verhalten aufgenommen werden, während einige zuvor rezitierte Gedichte Beifall erhalten.

In den folgenden Jahren kämpft Däubler zunehmend mit gesundheitlichen Problemen, besonders leidet er an einer schweren Zuckerkrankheit. Im Herbst 1928 ist er wieder in Arosa zu Gast und bemerkt: «Es geht mir viel besser mit dem Zucker. Die Luft hier oben tut mir jedenfalls gut; sie wirkt auch gegen meinen chronischen Rachenkatarrh, sogar gegen die Bronchitis günstig.» Doch zu den gesundheitlichen kommen wirtschaftliche Sorgen, denn seit 1924 hat Däubler fast nichts mehr publiziert. 1932 erkrankt er auch noch an Tuberkulose. 1943 stirbt er, vereinsamt und verarmt, im Schwarzwald. Der im Folgenden abgedruckte Text ist 1929 in der Februarausgabe der Zeitschrift «Atlantis» erschienen. Wahrscheinlich hat Däubler ihn nach seinem Arosa-Aufenthalt vom Herbst 1928 verfasst.

Arosa ist ein rätoromanischer Name. Gibt es einen schöneren für eine Ortschaft? Er klingt südlich und gemahnt dennoch an Alpenglühen. Bei strenger Januarkälte kam ich zum erstenmal nach Arosa. In Chur hatte wilder Schneesturm gewütet; dann bin ich auf waghalsiger Alpenbahn durch wirbelndes Gewölk in himmelanglitzerndes Hochgebirge gelangt. Die Sonne war untergegangen. Saphirgrün aber glühte noch der Himmel im Zenith; doch legten sich schon amethystlila Schleier über die beschneiten Riesen. In Arosa war es windstill; konnte es den ganzen Tag über keinen Wind gegeben haben, denn über allem Tannengezweig lag flockiger Schnee. Aus türkisblauem Geklüft ragten überwältigende Eispyramiden. In einem Himmelsdreieck im Osten, das zwei Berge in ihrer Gradlinigkeit gebildet hatten, war ein Stern entglommen. Nun entstieg den Tälern überraschend schnell massiges Dunkel: auf einmal röteten sich abermals die beschneiten Gipfel. Lodernde Helligkeit senkte sich auf einige Augenblicke zu uns hernieder: es schien der flammende Schein den Ort in seiner tausendfach besternten Abendpracht erreichen zu können. Das war Arosa.

Hier kennt man keine Finsternis. Von höchster Höhe eines Flugschiffes aus betrachtet, müsste der Sportplatz wie ein Stern, den die Menschen sich entzünden, aus Graubünden hervorleuchten. Helle Freude strahlt aus den Hotels, wo sich Fremde aus allen Weltteilen, von Wintervergnügungen angelockt, italienische Opernarien anhören. Wer noch nicht ermüdet ist, tanzt bei den tobenden Klängen einer Jazzband bis tief in die Nacht hinein. Das oberste Arosa gehört nämlich dem Sport. Rodeln, Ski-Laufen, Ski-Jöring, Bob-Sleigh werden hier gepflegt. Kaum ein trefflicheres Gelände gibt es in der Alpenwelt, um fröhlichem Schneesport zu huldigen. Viel früher jedoch erlöschen die Lichter in den windstillen Tälern des langgestreckten Arosa. Schwerkranke suchen hier Rettung, hoffen auf Genesung. Der höchste Tennisplatz Europas liegt in Arosa. Das ist hier der Stolz der Bewohner und Hoteliers. Also muss die Luft noch erfrischender und fröhlicher stimmend sein, als in dem berühmten Sankt Moritz. Natürlicherweise beruht so ein Gedankengang auf sportlicher Einstellung. Auf einen recht kleinen Unterschied kann es kaum ankommen. Dass Arosa höher liegt als Davos, mag eher von Wichtigkeit für die Lungenkranken sein. Wenn nach sibirisch-kalter Nacht die Sonne emporsteigt, der Schnee auf Dächern und Bäumen anfängt zu tauen, ist man in hoher Alpenwelt durch Frühmorgengeflimmer geblendet. Ein Himmel, so azurn, wie in der blauen Grotte zu Capri, gemahnt uns zu Ruhe und Zuversicht. Weiss und blau sind in ihrem Zusammenklang die holdesten Farben der Schöpfung. Nirgends ist das so einleuchtend wie im tropischen Ozean, wenn er sich bei voller Sonne in unendlicher Fülle übergischtet, oder in der Wunderwelt des Hochgebirges bei klarem Winterwetter. Da weisse Wolken durch den blauen Aether kreisen, glauben wir, das Himmelreich entfalte sich in dieser Farben Doppelklang. Xavier des Maistre sagt, Weiss und Blau lächeln voll beherzter Kindlichkeit dem Menschen zu. Das Geheimnis eines Wintervergnügens in der Alpenwelt beruht auf der Wiedererweckung des Kindes im ermüdeten Grossstädter. Sport birgt den ersten Ernst für die Jugend und bringt den Erwachsenen ein ihrer würdiges Spiel zurück. Wer einige Wochen, sorglos seinen Kindheitsneigungen zugetan, gelebt hat, vermag es dann abermals, lange Monate hindurch die Bürde schwerer Lebensaufgaben zu tragen. Klare, goldig durchsonnte Höhenluft gibt Begeisterung zu unserm Dasein.

Wenn ich an den klaren Winter in Arosa zurückdenke, so entstehen in meiner Erinnerung Glasperlen. Der Tag aus Eis und Sonne wird eine Kugel, mit der die Phantasie nach Jahren gern spielt. Solcher Glaskugeln Reihe hat sich mir oft wochenlang hingezogen. Dann folgten Nächte des Schneegestöbers, kaum durch ein paar silbergraue Stunden unterbrochen. Bald aber ging eine neue Perlenreihe voll goldener Helligkeit und blauer Freude wieder an. Das konnte sich ein paar Dutzendmal wiederholen; dann auf einmal war es Mai geworden. Tief unten im Tal erfüllte weisser Blütenglanz die Gefilde. In den Bergen aber stürzten die Lawinen zu Tal und die weisse Glanzzeit ging zu Ende. Zauberhaft sind auch die Polarnächte bei Mondschein in der Mitte Europas. Soviel Veilchen- und Fliederglanz lag über unendlichen Schneeweiten ausgebreitet, dass es einem vorkommen musste, der Krokus im Frühjahr habe diese zartesten aller Farbtöne, die uns geheimnisvoll bei mondheller Winternacht bestrickten, für Tag und Lenz in seine Wurzeln gesogen, um sie uns nach der Schneeschmelze als Blume wiederzubringen.

Hellgrüne Wiesen erreichen das sommerliche Arosa. Bunte Matten aber umgeben es weit über den Waldsaum hinaus bis zur ewigen Schneegrenze. In ungebändigter Wildheit über grosse Felsbröcke springend stürzen sich Bäche talwärts, während braune und weisse Kühe voll Gelassenheit und zufrieden durch ihr gestilltes Ruhebedürfnis weit verstreut weiden. Entzückende Holzhäuser stehen auch heute noch auf den Almen, über die im Winter Ski-Läufer aus der Fremde in Lawineneile dahinsausen. Oft donnert es in Arosa. Steingeröll kollert den ganzen Sommer lang nieder ins Geklüft, wie die Lawinen im Mai.

Unter Steinhalden, zwischen bräunlichen Matten eingebuchtet, liegt der spiegelklare Aelpli-See. Als ich zu ihm hintrat, fragte ich mich: Leuchtet der Himmel uns zu Füssen? Hier blicken wir zu Wolken

Theodor Däubler war eine markante Erscheinung und stand oft befreundeten Künstlern Modell. Hier ein Gemälde von Otto Dix.

Theodor Däubler war vom Licht und von den Farben im winterlichen Arosa fasziniert: «Eine Perlenreihe voll goldener Helligkeit und blauer Freude». Postkarte aus dem Jahr 1926.

und Azur, die sich unter uns auftun. Eine eigentümliche Vereinsamung! Alles ist still und stumm: Nichts allein. Jeder Berg und Baum, am Ufer der kleinste Stein findet sein Geschwisterbild im Wasser wieder. Also verstrahlt der See holdeste Glückseligkeit. Auch der Mensch fühlt, irgendwo wird das eigene Ich, ausser vom irdisch sichtbaren, leiblichen auch in andere Scheinhaftigkeiten begleitet. Wenn sich des Rothorns Schneefelder im Aelpli-See spiegeln, so scheinen sie Schlitze zu einem durchwolkten Tag da unten: und des grossen Berges Widerbild mutet uns als ein unerhörtes Korallengebild an. Alpenrosenrot erscheinen uns seine Zacken, zimtlila die durchschatteten Klüfte. Wo sich Halden im See reflektieren, scheint ein Domgewölbe aus glitzerndem Silber schräg gewölbt und jäh in die Tiefe voll Blau zu führen. Wie funkelt unter uns im See die Mittagsstunde.

Zu später Sommerzeit prunken die Matten wie leuchtendes Altgold. Schlangenwege führen darüber zu Pass und Gipfel, wie leicht steigt man in voller Höhe noch immer weiter empor! Alle Gipfel um Arosa sind wohlerreichbar. Dort oben trittst du in die Zonen diamantener Reinheit. Kristallscharf zeichnen sich noch überlegenere Gletscher vom Horizont ab. Kaum eine Wolke beunruhigt den Mittag. Gegen Abend wird es immer wieder klar, doch hören wir darin abermals von weither der Kühe Glockengetön und bald auch das Pfeifen der Murmeltiere. Der Blick sucht die Gemse. Selten zeigt sich uns ein Rudel scheuer Tiere. Doch die Schatten später Stunden huschen um uns her. Wir erkennen durch sie das Gleichnis unsrer Farben.

Die folgende Bildsequenz zeigt, wie der Hang des Tschuggen ab 1880 sukzessive überbaut wurde. Oben: Dort, wo heute das Hotel Tschuggen steht, standen damals nur zwei Alphütten. Unten links die Pension Brunold. Aufnahme von 1885. Mitte: 1888 ersetzt das Sanatorium Berghilf die Alphütten. An der Poststrasse entsteht kurz darauf die Pension Bellevue (Bildmitte, unten). Aufnahme von 1891. Unten: Aus dem Sanatorium Berghilf entsteht oben am Tschuggenhang durch sukzessive An- und Aufbauten das Sanatorium Arosa. Zu Beginn der 1920er-Jahre steht es in voller Pracht, mit Türmchen und breiten Balkonen. An der Poststrasse ist das Hotel Alpensonne entstanden, und das «Bellevue» ist massiv vergrössert worden.

Das Sanatorium Arosa war das luxuriöseste Kurhaus auf dem Platz. Terrasse, Konversations-Salons und ein Musikzimmer sowie ein grosszügiger Speisesaal sollten den wohlhabenden Lungenkranken den Aufenthalt möglichst angenehm machen.

1926 wurde das Sanatorium geschlossen; das Haus wurde zum Sporthotel Tschuggen umgebaut. Bei dem Umbau wurden alle hölzernen Aussendekorationen und auch die Türmchen entfernt. Obschon das Haus nachher völlig anders aussah, Bild in der Mitte um 1930, blieb die Bausubstanz die gleiche. 1966 brannte das alte Hotel Tschuggen nieder. 1970 wurde das heutige Grand Hotel Tschuggen eröffnet.

Nächste Doppelseite: Ein Prospekt stellte das Grand Hotel Tschuggen in den 1930er-Jahren als mondänen Treffpunkt der Schönen und Reichen dar. Eigentlich steht das Haus an einem steilen Hang; auf dem Prospekt steht das Hotel auf einem Plateau, mit viel Platz vor dem Haus für die Pferdeschlitten.

PEIKERT

PEIKERT

TSCHUGGEN AROSA
SPORT

PEIKERT
GRAND HOTEL TSCHUGGEN Arosa
Gedruckt in der Schweiz
Printed in Switzerland
Imprimé en Suisse
Fretz frères S.A. Zurich

Erfolgreiche Sommerkur und bunter Sommersport auf 1800 m Höhe / 3500 Gastbetten / Pensionspreis von Fr. 7.50, in erstklassigen Häusern von Fr. 14.— an Werbeschriften und Sommersportprogramm durch die Kurverwaltung Arosa.

Sport? Ja, Sport!

Kurdirektor Felix Moeschlin erkennt, dass die Zeit der Tuberkulosekranken in Arosa zu Ende geht und die Zukunft im Sport liegt

Der Schriftsteller Felix Moeschlin (1882–1969) wirkte von 1915 bis 1920 als Kurdirektor in Arosa. Er hatte 1904 ein Geologie-Studium abgebrochen und emigrierte nach Schweden, wo ihn die naturgebundene Bauernkultur faszinierte. Hier lernte er auch seine Lebensgefährtin und Ehefrau, die schwedische Malerin und Grafikerin Elsa Hammar, kennen, mit der er in einem selbst gebauten Holzhaus in Dalekarlien lebte und Romane schrieb. 1915 kehrte er in die Schweiz zurück. Schon bald nach seiner Wahl zum Kurdirektor von Arosa im März 1915 wurde Moeschlin zum Militärdienst eingezogen. Ein reizender Briefwechsel (Ich bin Dein und Du bist mein, erschienen 1955 im Artemis Verlag) dokumentiert die Liebe der über lange Zeit getrennt lebenden Eheleute. Nach seinem Weggang von Arosa lebte Moeschlin als Journalist und erfolgreicher Schriftsteller in Uetikon am See im Kanton Zürich. Er war Präsident und später Ehrenpräsident des Schweizerischen Schriftstellerverbands; 1940 bis 1947 gehörte er als Vertreter des Landesrings dem Nationalrat an.

Als Kurdirektor erkennt Moeschlin früh, dass Arosa eine Neuausrichtung braucht und vom Image des Lungenkurorts für sterbenskranke Schwindsüchtige wegkommen muss. Kurz vor seinem Amtsantritt ist 1914 die Bahnlinie Chur–Arosa eröffnet worden. Nun kann der Ort ab Chur ganzjährig in einer Stunde erreicht werden – mit der Postkutsche dauerte die Reise fünf Mal so lang! Damit wird Arosa auch für kürzere Aufenthalte ein attraktiver und leicht erreichbarer Ferienort. Moeschlin sieht die Zukunft Arosas im Sommer- und Wintersport. Folgerichtig fördert er Sporteinrichtungen aller Art. Während seiner Zeit wird unter anderem die Bobbahn nach Litzirüti ausgebaut, und deutsche Kriegsinternierte errichten beim Bärenbad die erste Skisprungschanze Arosas.

Ein neuer Stil in der Arosa-Werbung: Felix Moeschlin förderte als Kurdirektor die Entwicklung Arosas zum Sportort. Werbeseite in «Revue Schweiz» aus den Dreissigerjahren.

Im schriftstellerischen Schaffen Moeschlins hat Arosa wenig Spuren hinterlassen. Keiner seiner zahlreichen Romane spielt im Bergort. Aber der Kurdirektor hat viele Propagandatexte und Zeitungsartikel verfasst, die sein Talent erkennen lassen.

Aroser Schnee

Er rieselt mit einer stillen, aber hartnäckigen Beständigkeit vom Himmel, Kriställchen blumigster Art, ausgeklügeltster Symmetrie sind's. Ihre Kleinheit verleitet zum Lächeln, ihre Schönheit zum entzückten Betrachten. Leise Winde geben ihrem Niederschweben ein rührendes, hilfloses Zittern. Wenn aber die Winde unter den Kuppeln verweilen, sinken die Schneeflöckchen in beruhigten Senkrechten, deren Selbstverständlichkeit und vertrauende Sicherheit ganz traumhaft anmutet. Auf den Händen und auf dem Antlitz vergehen sie mit einer neckischen Kühle, auf dem Boden, auf den Tannen, häufen sie sich mit einer liebenswürdigen, unschuldigen Geste, bis sie alles vergraben haben, was an Menschen, Tiere und Arbeit erinnert: die Zäune, die Wege, die Holzschuppen und Ställe. Selbst die grossen Häuser haben alle Mühe, sich zu behaupten. Der Boden wächst mehr und mehr dem Dach entgegen, sichtbar neigt der First der Erde zu. Die Sonne aber dämmert mit gelblichem Schein durch halbdurchsichtiges, weich in einander verflossenes Gewölk, das die Berge ringsum verdeckt. In grossen, riesenmässig aufgebauschten, schnell wechselnden Formen steht es bald da, bald dort über den ins Endlose wogenden schimmernden Schneeflächen. Der Schnee aber ist beständig in seiner blendenden Weisse, die zum Blinzeln nötigt. Es ist noch kein Schnee für anspruchsvolle, erstklassige Skifahrer, aber dennoch ein rechter Schnee für entzückte Wintergefühle. So weich ist er, so anschmiegend, so lose verrinnend, so pulverig und kichernd unter den Skis weggleitend. Bis an die Knie schwillt er empor, wie Kielwasser vor einem Schiff. Man ist ganz eins mit diesem Schnee. Man nimmt's ihm gar nicht übel, dass er mit den langen Hölzern noch nicht auf einem vertrauten Fusse steht. Man stösst sich entzückt durch seine Fülle, und wenn auch die Knie müde werden, so liebt man auch diese Müdigkeit, weil sie so gut zu dieser etwas schläfrigen Stimmung passt, die doch gleichzeitig auch etwas merkwürdig Waches hat, das ganz jenseits des Gewohnten liegt. In dieser verhängten Landschaft, in dieser einschmeichelnden Eintönigkeit des fallenden Schnees ist eine unirdische Losgelöstheit, deren Gewalt man sich nicht entziehen kann. Sorgen und schwere Gedanken sind weiss wohin entschwunden …

Linke Seite: Porträt von Felix Moeschlin.

Felix Moeschlin und seine Frau Elsa 1919 auf der Erzhornkette; unten der Älplisee.

Auch in der Nacht schneit es noch mit gleichen dünnen, halbdurchsichtigen, wie widerstrebend fallenden Flocken. Der Mond gibt sich gar keine Mühe, das Gewölk zu zerreissen. Er weiss, dass es so viel schöner ist. Im Süden und Osten lärmen gedämpft Lawinen. Ihr langsam verhallendes Poltern klingt vertraut, ganz ohne Schrecken. Es gehört zu diesem Neuschneewetter, das sich so sanft und mütterlich gebärdet. Man möchte am liebsten die ganze Nacht draussen bleiben …

Hochwinter

Wer jetzt nicht jeden Morgen ein Loblied singt, der hat das Herz nicht auf dem rechten Fleck. Ein Pedant zwar könnte die Einförmigkeit des Wetters bekritteln, wenn diese Einförmigkeit nicht so Wundersames bedeutete: Morgenklarheit mit den glashellen Spektralfarben allerkühlster Ordnung; Mittagswärme, dass es einem ganz frühlingshaft zu Mute wird; Abendklarheit, Sternennacht – was braucht es noch mehr, um glücklich zu sein? Sport? Ja, Sport! Nun begreift man plötzlich, was der Sport bei so schönem Wetter bedeutet. Er ist gar nichts Lächerliches, Überflüssiges: es ist das Allernotwendigste, die einzig richtige Art, um sich mit dieser ganz verrückt schönen, hochalpinen Winternatur auseinanderzusetzen. Wer bloss in der Sonne sitzt und um sich schaut, der spürt eine seltsame, quälende, von Tag zu Tag wachsende Unzufriedenheit. Wer aber auf dem harten Tanzboden Innerarosas den Christiania übt, wer auf den Eisbahnen

Moeschlin förderte den Bau von Sporteinrichtungen. Die Strasse von Arosa bis zur Plessurbrücke in Litzirüti wurde im Winter als Bobbahn genutzt.

Rechte Seite oben: Skifahrer bevölkerten die Schneehänge Arosas; Aufnahme aus den frühen Zwanzigerjahren. Alle mussten zu Fuss aufsteigen; der erste Skilift wurde erst 1937 gebaut.

Rechte Seite unten: Die Skisprungschanze im Bärenbad, die immer viele Zuschauer anzog – wie hier an den Schweizer Meisterschaften von 1929 – wurde während des Ersten Weltkriegs von deutschen Internierten gebaut. Die Bärenbadschanze wurde im Winter 1930/31 durch eine Lawine zerstört und durch die Plessurschanze ersetzt.

sich an Schlangenläufen und ähnlichen Vorwärts- und Rückwärts-, Einwärts- und Auswärtskünsten nicht genug tun kann, wer kühn und mutig die Bobbahn herunterfährt, die grosse Kurve schneidig nimmt und an der S-Kurve ebenso schneidig ausleert, wieder aufspringt und weitersaust und schliesslich an der Plessur bei Litzirüti vor lauter Eifer das Brückengeländer gefährdet – der spürt ein tolles Wohlbehagen, den wahrhaftigen Rausch des Lebens. Darum auch dieses Boblet-Fieber, Rennen um Rennen, eins mehr besucht als das andere. Damen nehmen das Steuer in die Hand – wie soll man da den Frauen noch länger das Stimmrecht verweigern dürfen. Die Männer sitzen an der Bremse – das Symbol ist gar nicht übel! Den offiziellen Zeitnehmern wird es beinahe zuviel. Aber schliesslich ist es besser, dass es den Zeitnehmern zu viel wird, als den Boblet-Fahrern, die es sich nicht nehmen lassen, funkelnagelneue, gebührend bewunderte Rekorde aufzustellen, als ob's nichts Wichtigeres auf der Welt gäbe. Die Eisbahn aber ist ganz Grazie und Schönheit. Auch das lässt man sich ganz gerne gefallen. Wenn die Damen um den Grazienpreis wetteifern, dann sitzt man auf amphitheatralisch aufgebauten Reihen, um die Bahn und hat die allerschönste Gelegenheit, recht feinschmeckerisch und bedächtig wie weiland Paris ein Urteil abzugeben, von dessen Ausgang von vornherein kein trojanischer Krieg zu erwarten ist. Die Preisträgerinnen haben denn auch bis jetzt, so viel man weiss, kein Unheil angestiftet. Da sind die Springer an der Bärenbadschanze drüben schon gefährlicher – wenn man allzu naseweise auf dem Auslaufe steht. Mancher springt soweit, dass er gar nicht mehr aufhören kann. Denn Arosa ist das richtige Skiläuferparadies. Zu dem was der liebe Gott gemacht hat, brauchte man bloss noch die Sprungschanze hinzuzufügen, um dem Skigelände die letzte Abrundung zu geben.

Conrad

Der Ungläubige

Draussen auf den weichgerundeten Hängen wimmelt es von Skiläufern, und trotzdem habe ich am Telefon die grösste Mühe, einen zweifelsüchtigen, ungläubigen Basler – aber sonst wär's ja kein Basler – davon zu überzeugen, dass es bei uns weder regne, noch Frühlingsblumen aus der Erde treibe. «80 cm Schnee??? Nicht möglich!!! Bei uns ist ja morgens schon 10 Grad warm!» «Bei uns in Arosa aber eben gottlob nicht! Unsere Morgentemperaturen sind minus 2 bis 4 Grad.» «Und kein Regen?» «Nein, sondern Pulverschnee auf leichtverharster Unterlage.» «Ist das gewiss?» «Mein lieber Herr, es ist schade, dass ich Ihnen nicht durch das Einschalten eines empfindlicheren Mikrophons das Klappern der Skis übermitteln kann. Aber warten Sie, ich werde die Türe öffnen, vielleicht hören sie dann die Jauchzer einer vergnügten Schar, die eben vom Tschuggen heruntersaust ... Haben Sie die Jauchzer gehört?» «Nicht recht deutlich. Aber ich werde die Reise wagen. Und wenn dann doch kein Schnee da ist?» «Auch beim schlimmsten Wettersturze verschwinden 80 cm Schnee nicht in einer Nacht. Und eines dürfen Sie sich jedenfalls merken: wenn's bei Tauwetterzuständen noch irgendwo Schnee hat, so ist's in Arosa. Und wenn's auch hier keinen Schnee mehr gibt, dann müssen Sie eben die Skis einspannen und alle Hoffnung aufgeben. Vorläufig aber glitzert hier die Sonne auf dem Schnee, dass es eine Lust ist. Jünglinge purzeln zu Dutzenden beim Telemark, und die sportbehosten Mädchen purzeln auch, sogar ohne Telemark. Droben auf dem Tschuggen aber halten sich gerade drei blaue Gesellen an der Hand und schweben im schönsten Slalomlaufe den Sennhütten zu. Leben Sie wohl, sehr geehrter Herr, denn nun muss ich selber auch die Skis an die Füsse schnallen. Ich halte das Zuschauen nicht mehr aus.»

Hei-joh! Ich fahre zum Prätschsee hinunter und jage eine Schar Enten auf. Und gleite dann durch den Wald und bin mit Tannen, Hasen- und Fuchsspuren allein. Und steige dann langsam zum Roten Tritt hinauf und schaue in das schneeentblösste braune Tal. Und bin dann mitten drinn in einer flachkuppigen Schneewelt, dass mir ganz polarmässig einsam zu Mute wird. Und der Himmel hat kein Wölkchen und die Sonne kein Schleierchen. Und ich möchte es gern der ganzen Welt wünschen, dass sie es so gut hätte wie ich ... und dem ungläubigen Basler, wenn er morgen vom Tschuggen herunterfährt!

Wenn man sich Arosa vorstellen will, so muss man sich ganz einfach eine Schale denken. Die Berge bilden den Schalenrand und in der Mitte, wohlbehütet liegt das Dorf. Darum ist auch hier das Skifahren so einfach. Man steigt hinauf, so hoch wie man will, d.h. nicht höher als 2987 m – und dann lässt man's laufen! Man braucht nicht zu sehen, wohin man fährt, man kommt ganz von selber nach Arosa. In einer Schale kann's ja nicht anders sein. Was will sich ein Skiläufer besseres wünschen!

Sehr schön gelungen sind zwei Broschüren («Aroser Sommer» und «Aroser Winter») mit Gedichten von Felix Moeschlin, illustriert mit Holzschnitten von seiner Frau Elsa Moeschlin-Hammar.

Kinderlust

Winter, ei, wo ist dein Schrecken,
meinst du denn, wir fürchten Dich?
Hier darf man dich fröhlich necken,
uns droht bloss der Sonnenstich!
Nicht einmal die Hinterinder
Haben es so gut wie wir,
wir Aroser Sonnenkinder …
Wie wir's treiben, sieht man hier!

Skilauf

Von Hügeln zu Hügeln
wie auf Flügeln
wellige Weiten
dahinzugleiten,
steilen Hang
im Überschwang
hinabzusausen …
und nach ein paar Atempausen
wieder hinaufzustreben …
Das ist Leben!

1914 öffnete das Arosabähnli das Tor zur Welt

Nach nur zweijähriger Bauzeit wurde die Bahnstrecke Chur–Arosa am 11. Dezember 1914 feierlich eröffnet. Nun war Arosa ganzjährig bequem erreichbar.

Auch nach der Fertigstellung der durchgehenden Schanfiggerstrasse im Jahr 1890 war Arosa schwer zu erreichen. Gäste, Post und Lebensmittel und vor allem auch Baumaterialien für den boomenden und rasch wachsenden Kurort mussten mit Kutschen, Fuhrwerken oder Schlitten in einer mindestens sechsstündigen Fahrt aus Chur herantransportiert werden. Autos blieb die Fahrt im Kanton Graubünden bis 1927 ganz verwehrt! Ab 1902 wurde deshalb der Bau einer Eisenbahnlinie diskutiert. Man beriet Linienführungen über Passugg und Tschiertschen, prüfte aber auch ernsthaft den Bau einer Transportseilbahn Chur–Arosa. Nach zahlreichen Verirrungen nahmen die Eisenbahnpläne im Juli 1911 mit der Gründung der Chur–Arosa-Bahn AG konkrete Formen an. Die Gesellschaft wollte eine elektrische Schmalspurbahn bauen, die mit Gleichstrom 2000 Volt betrieben werden sollte. (Erst 1997 wurde die Arosa-Bahn auf die im übrigen RhB-Netz üblichen 11 000 Volt Wechselstrom umgestellt.) Trotz der 1154 Meter Höhenunterschied zwischen Chur und Arosa sollte die Bahn nach dem Adhäsionsprinzip, also ohne Zahnrad, funktionieren. Die Linienführung bis Langwies entlang der rechten Talseite des Schanfigg erlaubte eine konstante Steigung von 60 Promille auf der 26 Kilometer langen Bahnstrecke. Bereits im Sommer 1912 war Baubeginn.

Das Prunkstück der Anlage ist der 284 Meter lange Viadukt, auf dem die Bahn bei Langwies die Talseite wechselt. Weil an Ort und Stelle gute Bausteine fehlten, dafür Sand und Kies im Überfluss vorhanden waren, entschied man sich für eine Eisenbetonkonstruktion, was in diesen Dimensionen zu jener Zeit eine absolute Pioniertat darstellte. Mit 42 Meter hohen Pfeilern und einer Lichtweite des Hauptbogens von 100 Metern galt der Langwieser Viadukt damals als die grösste Eisenbetonbrücke der Welt. «Das Bauwerk sollte in der gigantischen Hochgebirgslandschaft allein durch seine überzeugende Gliederung, die zweckmässige Verteilung der Massen und die harmonischen Massverhältnisse wirken», schrieb der Ingenieur H. Schürch von der ausführenden Firma Ed. Züblin & Cie. «Es bringt die Übereinstimmung von Baustoff und Bauform zum Ausdruck und mag in diesem Sinne als technisches Kunstwerk gelten», fuhr er fort und räumte ein, das Auge müsse sich wohl «aus Mangel an Vorbildern» zunächst noch an die Ästhetik des «biegungsfesten Steins» gewöhnen. Das Tobel bei Langwies wurde zwei Jahre lang zur Grossbaustelle. In über 1000 Fahrten transportierten vierspännige Fuhrwerke Armiereisen, Zement und anderes Baumaterial heran. Pro Fahrt, die anderthalb Tage in Anspruch nahm, konnten nur 2500 Kilo Last befördert werden. Die für den Bau des Gerüsts benötigten 800 Kubikmeter Holz wurden an Ort und Stelle geschlagen. Im September 1913, ein Jahr nach Baubeginn, war das Lehrgerüst erstellt. Die Betonierungsarbeiten begannen im Frühjahr 1914 und wurden im Sommer mit dem Giessen der Fahrbahnplatte abgeschlossen. Im Oktober 1914 bestand die Brücke den Härtetest: Sie senkte sich bei der Belastung mit einer Dampflokomotive und drei schwer beladenen Güterwagen um weniger als einen Millimeter.

Bereits Mitte November sollte die ganze Bahnlinie eröffnet werden. Doch wegen des Ausbruchs des Ersten Weltkriegs verzögerte sich die Lieferung des Kupfers für die elektrischen Leitungen, so dass die Arosa-Bahn schliesslich am 11. Dezember 1914 offi-

ziell dem Verkehr übergeben wurde. Der Eisenbahnanschluss bescherte Arosa einen Wachstumsschub. Nun war der Ort ganzjährig mühelos zu erreichen – auch für Gäste, die nur ein paar Tage bleiben wollten. Die Bahnlinie wurde für die nächsten Jahrzehnte zur Lebensader Arosas. Zwar hob Graubünden 1927 das generelle Auto-Fahrverbot auf. Aber noch viele Jahre blieb die Strasse Litzirüti–Arosa im Winter für den Autoverkehr gesperrt, nicht zuletzt weil sie als Bobbahn genutzt wurde.

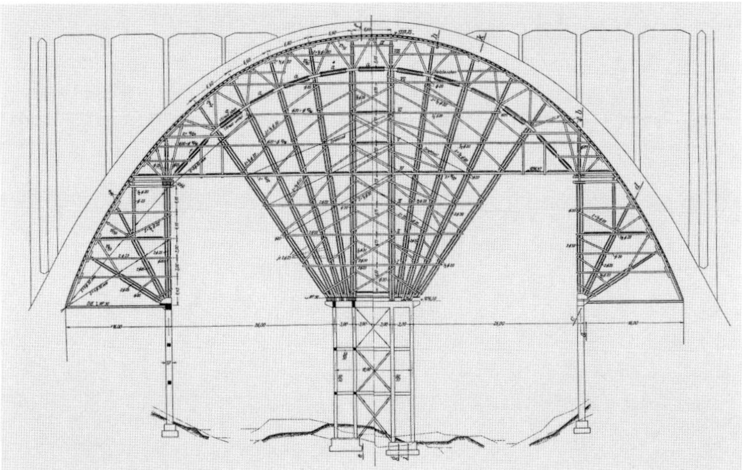

Der 284 Meter lange Viadukt über das Langwieser Tobel wurde als Eisenbetonbrücke konstruiert, was 1914 eine absolute Pioniertat war. Aufwändig war vor allem der Bau des Lehrgerüsts aus Holz, der ein Jahr dauerte. Betoniert wurde erst kurz vor der Inbetriebnahme, im Frühjahr und Sommer 1914.

Hans Roelli liebte die Selbstinszenierung. Er gilt als Erfinder des «Roelli-Schwungs», einer abenteuerlichen Wendetechnik beim Tiefschneefahren, die Stockeinsatz und Körpersprung kombinierte.
(Signatur: «Hans Roelli.
So bin ich am schönsten !»)

Im tiefgeschaufelten Weg stapfen die Kirchgänger empor

Kurdirektor Hans Roelli war ein zu seiner Zeit sehr beliebter Komponist und Verseschreiber

Auf Felix Moeschlin folgte 1920 wieder ein Dichter als Kurdirektor in Arosa. Hans Roelli (1889–1962) war in seinem Leben auch Skilehrer, Sportsekretär und Journalist. Er schrieb sehr viele Gedichte und Verse, publizierte auch zahlreiche Bücher und Gedichtbändchen. Bekannt und bis heute populär war und ist er vor allem als Autor von rund 1200 Liedern, die er gedichtet und komponiert hat. Einige davon wurden zu Volksliedern, darunter viele Soldatenlieder (etwa «Die Nacht ist ohne Ende»). Auch das beliebte Skilied «Schi Heil» stammt von ihm:

«Lönd de Tüüfel fahre,
und d'Meitleni la sii,
da gits kei Larifari,
wo Schnee isch und wo Schii: Schi Heil!

Tuets di öppe chlämme
und weisch ned us und ii,
so haus und gang go schtämme,
wo Schnee isch und wo Schi: Schi Heil!

Esel sind kei Chälber
und Chälber chönds ned si,
mir finded nur eus sälber,
wo Schnee isch und wo Schi: Schi Heil!

Lupfsch du dini Flosse
und meinsch en Herrgott z'sii,
mir bliibed Eidgenosse,
wo Schnee isch und wo Schi: Schi Heil!

Lönd eus heizue rutsche,
vo Berge und vo Flueh,
en Bock mues öppe putsche,
e Geiss ghört au dezue: Schi Heil!»

Oben: Hans Roelli wirkte nach seiner Zeit als Kurdirektor noch viele Jahre als Skilehrer in Arosa.

Unten: Hans Roelli mit seiner Frau vor Langwies.

Als «Sänger zur Laute» trug Roelli seine eigenen Lieder auch gerne vor. Thomas Mann notierte am 19. Januar 1938: «Abends im Salon Gesangsvorträge einer Engländerin und Roellis. Die Dame entschieden angenehmer als der sehr kokette Volkssänger.» Viele Texte aus seinem umfangreichen Werk wirken heute etwas schwülstig.

Während Roellis Amtszeit beschleunigt sich der Wandel Arosas vom Lungenkurort zur Wintersportstation. Der Kurdirektor fördert diese Entwicklung mit zahlreichen journalistischen Texten, Prospekten und Werbebroschüren. Er ist ein begeisterter Skifahrer (und Erfinder des «Roelli-Quersprungs»), und er förderte auch den Sommersport, indem er das Tennis nach Arosa brachte und Schwimmwettbewerbe einführte.

Der gut aussehende und auch eitle Roelli war gesellig und kontaktfreudig. Hans Morgenthaler freundete sich mit ihm an; Hermann Hesse unternahm Skitouren mit Roelli und liess sich mit ihm fotografieren.

Auch nach seinem Rücktritt als Kurdirektor 1930 war Roelli viel in Arosa. Zunächst leitete er während mehrerer Winter die Skischule des Hotels Kulm; später verdiente er sich als Skilehrer ein Zubrot, weil eine von ihm gegründete Werbeagentur nicht reüssierte und er von seiner künstlerischen Tätigkeit allein nicht leben konnte.

Die folgende Passage über das Aroser Bergkirchlein stammt aus dem Band «Es leuchtet der Schnee», den Roelli 1934 in einem Münchner Verlag herausgab.

Gross kann die Glocke im hölzernen, von Sonne und Wetter dunkel gewordenen Dachstuhl nicht sein – ihr Geläut ist leicht und hell, ohne jenen mächtigen Grundton, der schweren Glocken eigen ist. Aber ihr rasches und etwas eintöniges Lied wird durch winterliche Weite, in der sich die Bäume bücken und die Berge entfernen,

mühelos getragen – der wartende Klang des kalten Schneemorgens mischt sich darein; so zittert im Glockenruf eine silberne Süsse und Sehnsucht mit, die sich in die Herzen legt.

Im tiefgeschaufelten Weg stapfen die Kirchgänger empor, schmale Frauen, die in der Kargheit begrenzender Natur duldsam geworden sind, und bärtige Männer, die gewohnt sind, in den Felsen zu gehen und festwurzelnden Wald zu fällen. Das einige Schwarz ihrer Röcke und Kittel leuchtet seltsam in die festliche Helle – doch so sehr sich der weisse Schnee auftürmt und die morgendliche Sonne strahlt: Das Schwarz bleibt undurchschimmert, unerhoben und schwer. Zu viel Dunkel, Mühe, Leid und Armut ist hinein verwoben. Nur in den Gesichtern, den braunen, runzligen und vor Kälte bläulichen, wetterleuchtet es da und dort. Schon schreiten sie alle an den fast zugeschütteten Grabsteinen, an Gedanken und Namen ihrer Brüder und Schwestern, ihrer Freunde und Feinde vorüber in die geöffnete Kirche. Der Lehrer spielt auf der geringen Orgel den Choral und der Pfarrer, merkwürdig jung und runenlos im Angesicht der verwetterten Stirnen und adrigen Hälse, will beten. Draussen aber schüttet den Weg, den sie gegangen, der noch im Schatten ihrer Schwermut lag, die goldene Sonne zu.

Die alte Bergkirche scheint, voll von Betenden, Singenden und Lauschenden, zu zittern – irgendwie öffnet sich das alte Dach den Wünschen und Bitten der Gesammelten – ein Strahlenbündel unbändigen Lichtes fällt zu ihnen nieder, die da knien und versunken sind. Denn die armen Fenster sind nicht golden, rot und traubenblau und schildern Maria und Jesus und die Heiligen nicht – aber sie sind so wahr und bescheiden, dass Himmel, Sonne und Glaube sie erfüllen. Und wieder läutet die kleine Glocke, jetzt im frohen Aufruhr des Tages fast untergehend – und die Frauen und Männer schreiten so langsam, wie sie gekommen sind zu Tal. Doch diesmal trotzt ihr rauhes, schwarzes Tuch nicht – es scheint samten und schmiegsam zu sein, es scheint von geheimer Liebe durchglüht zu sein.

Dieses Bild illustriert Roellis Bergkirchli-Text im Buch «Es leuchtet der Schnee». Abgebildet ist allerdings nicht das Aroser Bergkirchli, sondern das Kirchli von Davos Glaris.

Arosa 20. I. 29.

Nun waren die Berge nicht mehr feindlich und fremd

Hermann Hesse war 1928 und 1929 zweimal in Arosa in den Ferien. Hier fand er die Liebe zu den Bergen wieder.

Hermann Hesse (1877–1962) hatte eine besondere Beziehung zu Arosa. In den Monaten Januar und Februar der Jahre 1928 und 1929 weilte er während mehrerer Wochen im Höhenkurort in den Ferien. Er hatte ihn kennen gelernt, als seine zweite Frau Ruth Wenger im Winter 1925/26 hier während mehrerer Monate zur Kur weilte. Der Schriftsteller und die 13 Jahre jüngere Sängerin hatten 1924 geheiratet, doch die Ehe war nicht glücklich. Ruth Wenger war alleine in Arosa; ihr Mann blieb in Zürich.

Hermann Hesse schrieb und malte viel während seiner beiden Ferienaufenthalte in Arosa. Innerarosa und das Bergkirchli, hinten das Hörnli.

Dort besuchte sie ihn an Neujahr. «Sie kam, jung, hübsch, elegant, roch entzückend», schrieb er am 4. Januar 1926 an einen Freund. «Und so hatte ich denn für einen Tag wieder eine Frau oder wenigstens eine Geliebte. Sie wird im Frühling mit ihrer Kur in Arosa fertig, ist eigentlich schon geheilt, und lässt sich dann, wie sie mir mitteilte, dauernd in Basel nieder. Es war mir ganz komisch, den netten, kleinen Schmetterling so wieder davonflattern zu sehen, ich habe zu Schmetterlingen und anderen flüchtigen und vergänglichen Schönheiten immer ein Verhältnis gehabt, während dauernde, feste und sogenannte solide Beziehungen mir nie geglückt sind.» 1927 wird die Ehe geschieden.

Schon vor der Scheidung hatte der Schriftsteller einen seit vielen Jahren bestehenden Kontakt zur 18 Jahre jüngeren Ninon Ausländer aufgefrischt. Ninon hatte Hesse seit 1910, als sie erst 15 Jahre alt war, immer wieder geschrieben. Hesse antwortete zunächst distanziert, und nach einem ersten Besuch Ninons beim Schriftsteller im Sommer 1923 brach der Kontakt eine Zeit lang ab. Doch nachdem sie die Korrespondenz wieder aufgenommen hatten und nach einem zweiten Besuch der jungen Frau bei Hesse in Zürich im März 1926 verliebten sich die beiden.

Bild oben: Hans Roelli (links) und Hermann Hesse in Innerarosa. Die Dame in der Mitte ist laut Notizen des Fotografen Brandt «Frl. Trudy Trobitzsch, die schweizerische Meisterin im Wasser-Kunstspringen».
Bild unten links: Ninon Dolbin (links im Bild), Hesse und eine unbekannte Dame beim Picknick in Maran.
Bild unten rechts: Wohlverdiente Rast nach langem Aufstieg zur Hörnlihütte; Hesse am linken Bildrand.

Ninon zog schon im nächsten Monat in eine kleine Wohnung in der Nähe von Hesses Wohnort Montagnola. Vom 4. Januar 1928 an verbrachten der Schriftsteller und seine Verehrerin, die inzwischen seine Geliebte war, sechs Wochen Ferien im Hotel Alpensonne in Arosa. Es war eine Art Flitterwochen – die ersten grossen, gemeinsamen Ferien.

Nach Ninons Bericht wäre die Reise in die Bündner Berge ohne ihr Zutun nie zustande gekommen. «Ich will nur sagen, dass er elf Jahre nicht mehr im Gebirge war, weil er wusste, er könnte Packen, Reisen, Hotelleben nicht ertragen», schrieb sie am 16. Februar an ihren Noch-Ehemann Dolbin. «Und siehe da – mit mir ging alles. Aber er sagt immer wieder, ohne mich halte er es keine Stunde hier aus.» Hesse und Ninon heirateten 1931; sie blieben bis zum Tod des Schriftstellers 1962 zusammen.

Hesse selbst berichtete seinem Sohn Bruno am 7. Januar 1928: «Ich habe noch etwas Mühe, mich an die Höhenluft zu gewöhnen, doch habe ich heute eine gute Stunde auf Ski an einem nahen Übungshang probiert und hoffe, mich hier doch zu erholen.» Er brauchte zwei Wochen, bis er sich an die Höhe gewöhnt hatte. Dem Schriftsteller Heinrich Wiegand schrieb er am 27. Januar 1928: «Ich hatte grosse Mühe mit der Anpassung, litt 14 Tage an Herzdruck, Schwindel, hie und da Fieber, aber jetzt habe ich einen rotbraunen Indianerkopf von der Sonne und gehe fast jeden Tag auf Ski hinaus, nur so kleine vorsichtige Greisenspaziergänge, aber immerhin laufe ich, schleppe mich, stürze und fahre, und rüttle das Blut ein wenig durcheinander, das soll ja gesund sein. Ich bleibe, da es mir gut tut, solange das Geld reicht, ich denke noch 2 bis 3 Wochen, mit Ninon, die mir des Vorlesens wegen unentbehrlich ist.» Hesse fügte an,

während des Vorlesens trinke er seinen «ins Hotel geschmuggelten Cognac mit Wasser, je nachdem kalt oder heiss», rauche seinen Toscanino, «und so haben wir mitten im Hotel in Ninons Stübchen ein bisschen Heimat».

Seiner Schwester Adele («Adis») teilte Hesse am 29. Januar 1928 mit, er wolle «möglichst lange» in Arosa bleiben, «ich denke bis Mitte Februar oder darüber hinaus. Es ist sehr teuer, aber nachdem ich so lang zum Akklimatisieren gebraucht habe und da es mir jetzt sehr gut bekommt, möchte ich fortfahren.» Und weiter: «Ninon läuft bis jetzt nicht Ski, es liegt ihr nicht, das ist schade, doch gehen wir viel miteinander aus. An sehr schönen Tagen gehen wir immer so um elf Uhr weg, nehmen kaltes Essen mit, steigen zu irgend einer Hütte hinauf, essen droben und sonnen uns ein, zwei Stunden lang, wo es oft kräftig warm wird. Dann geht Ninon zu Fuss zurück, während ich auf Skiern heimfahre. Eigentliche Touren kann ich nicht machen, aber so kleine Ausflügchen.»

Am 16. Februar schrieb Hermann Hesse seiner Schwester Adis, sie wollten um den 22. Februar nach Zürich zurückkehren. «Es muss jetzt im Land drunten ein rechtes Sauwetter sein, hier oben äussert es sich in ununterbrochenem Schneefall seit vier Tagen, dabei ist es unheimlich warm (heute 3 über Null). Die Sonne also fehlt uns jetzt auch, und Touren kann man keine machen, da die Lawinengefahr jetzt sehr gross ist. Aber dennoch bin ich auch jetzt jeden Tag wenigstens 2 bis 3 Stunden draussen, meist auf Ski.» Wie der «Aroser Zeitung» zu entnehmen ist, gab Hesse während dieses ersten Aufenthalts im Schanfigg auch eine Lesung. Am 16. Januar trug er auf Einladung der Kunstgesellschaft im Kursaal «aus eigenen Werken» vor.

In der «Kölnischen Zeitung» veröffentlicht Hesse am 8. Februar 1928 unter dem Titel «Winterferien» eine Reportage über seine ersten Arosa-Ferien.

WINTERFERIEN

Nie geht es so, wie man es sich gedacht hat. Seit Jahren bemühe ich mich, mein Waldmenschenleben etwas mehr in Einklang mit dem zu bringen, was man in Berlin Kultur nennt, habe nun schon mehrere Winter in Städten gelebt, habe ein Absteigequartier in Zürich, wagte mich gelegentlich bis Stuttgart, bis Frankfurt, bis München vor, und je und je trug ich mich sogar ernstlich mit dem Gedanken, einmal heimlich und inkognito einen kurzen Besuch in Berlin zu machen, nur um zu sehen, ob denn tatsächlich meine Vorstellungen von dieser Metropole so rückständig und albern seien, wie man mir täglich sagt. Und nun sitze ich, statt in Berlin, achtzehnhundert Meter hoch im Graubündner Gebirge, in Arosa, wohin man mich aus freundlicher Rücksicht auf meine Gesundheit geschickt hat. Es sind aber nicht die Lungen, und ich bitte, mir weder Adressen von Ärzten noch Muster von Heilkräutertees zu schicken, es ist nicht dies, was mir mangelt.

Als sie mich hier hinauf in den Schnee schickten, haben meine Freunde, sofern sie nicht einfach den Wunsch hatten, mich für eine Weile loszuwerden, sich gedacht, daß es die reine, kalte Höhenluft sein werde, die mir fehle, daß ich vielleicht genesen werde, wenn statt der dicken Atmosphäre der Bahnhöfe, Studierzimmer, Ballsäle mich Sonne, Schnee und Sternenluft der Berge umgäbe. Und nun bin ich hier, in Arosa, seit mehr als zehn Jahren zum ersten Mal wieder in den Bergen. Statt der Großstadt Schnee, statt der «Kultur» Tannenwälder und Föhnstürme, statt Berlin Graubünden – so wurde ich, wider meinen Willen, diesmal geführt. Und, wie immer, erweist sich die Führung als vortrefflich, und außerdem geht es auch diesmal wieder so, daß sich mir im völligen Fehlschlagen eines Planes dennoch ein Teil dieses Planes ungesucht erfüllt. Denn ich habe hier oben, wenn auch nur einen Abend lang, Berlin und Berliner Luft gefunden und mich einige Stunden lang in meinen Vorübungen für das Großstadtleben vervollkommnen können.

Zunächst empfingen mich die Berge, die ich in meiner Jugend so sehr geliebt und so viel umworben und beschlichen, dann aber viele Jahre lang ganz und gar verlassen, vernachlässigt und beinah vergessen hatte, keineswegs sehr freundlich. Es gibt in der Natur keine Sentimentalitäten, und während ich im langsamen Emporsteigen nach Arosa, im Wiedersehen der eingeschneiten Tobel, der finstern

Hermann Hesse und Ninon Dolbin logierten 1928 in Innerarosa im Hotel Alpensonne, das damals mit diesem Prospekt um Gäste warb.

Picknick in Maran. In der Mitte Hermann Hesse, rechts Ninon Dolbin.

Rechte Seite oben: Eine Postkarte des Hotels Alpensonne an Freund Heinrich Wiegand beschrieben Hesse und Ninon auf dem Kartenrand. «In der eingerahmten Ecke wohnt H., das sind die Fenster seines Zimmers und (unsichtbar) nach Süden geht eine Glasveranda. Das Fenster an d. Front ist das meine» (Schrift Ninons auf dem Kartenrand). «Wäre ich ein [unlesbar], so könnte ich auf einem Fuss nicht so [unlesbar]. H. Hesse» (Schrift Hesses auf dem Diagonalbalken). Rechte Seite unten: «Ich lernte, ganze Tage mit Nichtstun zu verbringen, im Bett, im Salon, im Liegestuhl», schreibt Hesse in seiner Reportage. Bild aus dem Prospekt der «Alpensonne».

Bachschluchten, der strahlenden weißen Gipfel mit Beklemmung und Rührung einen Teil meiner Jugend wieder in mir erwachen fühlte und von hundert wehmütigen Erinnerungen bestürmt war, erwiderten die Berge diese zärtliche Begrüßung mit der stillen, harten und etwas spöttischen Gelassenheit, mit der die Natur uns Menschen, ihre begabtesten und verlaufensten Kinder, stets empfängt.

Sonderbare Gefühle machten mir das Atmen schwer, bei jedem Schritt wurde ich daran erinnert, daß ich kein Jüngling mehr sei, sondern ein beschädigter Rekonvaleszent, daß es sich für mich vorerst nicht um ein Wiederholen der Jugendzeiten handle, mit Ski-Touren über schweigsame Pässe und auf strenge mühsame Gipfel, sondern daß ich mich zunächst im Allerprimitivsten anzupassen und zu bewähren habe. Zwischen Schwitzen und Frieren, mit lästigen kleinen Fieberschaudern, mit beständig ängstlichem und leicht schmerzendem Herzen, schlaflos in den Nächten, mußte ich die erste Anpassung vollziehen, und Tage vergingen, ehe ich nur daran denken konnte, meine Skier anzuprobieren, geschweige denn auf ihnen zu fahren.

Ein vortreffliches Hotel kam mir zu Hilfe, ich lernte halbe und ganze Tage mit Nichtstun hinzubringen, im Bett, im Salon, im Liegestuhl. Aber so nach und nach wagte ich mich auch in den Schnee hinaus, wo auf glattgefahrenen kleinen Übungshügeln die Kurgäste zu Hunderten auf Skiern herumturnen und sich von Lehrern oder von geübteren Kameraden das Skilaufen beibringen lassen.

Ich sah, dass auch auf diesem Gebiet Fortschritte und Neuerungen in Menge erfunden worden waren. Man stöpselte nicht mehr, wie einst in meiner Jugend- und Skiläuferzeit, auf gut Glück den Berg hinan und hinunter, mit dem einzigen Ziel, baldmöglichst sich von Dorf und Hotel freizumachen und Gipfel zu erreichen, sondern man trieb sachlich und geordnet Sport um seiner selbst willen. Ich machte mich mit Zagen daran, schnallte meine alten Bretter an, ein Paar gute alte Norweger Skier, auf vielen kunstlosen Touren glatt

83 Hotel Alpensonne, Arosa
H Hesse

Kaffeepause in Maran. Die Aroser Ferien von Hesse und Dolbin sind gut dokumentiert, weil der lokale Fotograf Brandt den schon damals sehr erfolgreichen Schriftsteller an mehreren Schauplätzen fotografierte.

und dünn gefahren. Die Jugend war nicht mehr da, es fehlte an Kraft und Atem, an Ehrgeiz und Unternehmungslust. Aber das, was ich vom Skilauf einst, vor zwölf und fünfzehn Jahren, gelernt hatte, das konnte ich alles sofort wieder.

Kaum hatte ich mich wieder ein wenig an die Bergluft gewöhnt und konnte eine Hoteltreppe oder einen Übungshügel ohne allzuviel Herzklopfen ersteigen, da wagte ich es auch, den Parkettboden der Kultur hier oben zu betreten, und hielt eines Abends im Kursaal eine Vorlesung. Es waren aus Berlin und dem übrigen Deutschland so viele schöne, vergnügte, hübsch angezogene Frauen und Mädchen da, daß ich gar nicht dazu kam, gegen besagtes Parkett die gewohnten Hemmungen zu empfinden, ich hatte eine Stunde lang sogar den Eindruck, mich diesmal mit dieser Welt der vergnügten, eleganten, sportlichen, großstädtischen Menschen vorzüglich verständigen zu können. Nun, die literarische Unternehmung nahm ihren Verlauf, und kaum war sie abgetan, so gingen wir zu weniger ernsten Unterhaltungen über, saßen bei Wein und Imbiß im Kursaal, hörten die Jazzkapelle spielen, sahen schöne, elegante Paare die neuen Tänze tanzen, und überall in dem strahlenden Saal herrschte jene frohe schneidige Lebensbejahung, jener gut gefederte Geselligkeitsapparat, jener strahlende und Problemen abgeneigte Optimismus des Nachkriegsmenschen, den ich so sehr anstaune und leider so gar nicht erlernen kann – kurz, ich war einen Abend in Berlin oder Paris, und mit Hilfe des guten Weines gelang es mir, mich beinahe wie ein Angehöriger dieser Welt zu benehmen, wenn auch nicht zu fühlen.

Aber nachher sagte mir ein Katzenjammer, daß ich mich doch getäuscht habe, und daß das Parkett, der Salon und der Tanzboden für mich weit gefährlicher und unbekömmlicher sei als der Übungshügel. Ich zog mich wieder zurück, um in meinem kleinen saubern Hotelzimmer mich mit Gedichten und kleinen Malereien zu beschäftigen. Draußen schneite es, schneite Tag und Nacht, die Arven bogen sich unterm Schnee, und als der Kulturkater überstanden war, merkte ich eines Morgens, daß die Natur, die mich hier oben so kühl und gelassen empfangen hatte, nur auf ein wenig Werbung und Liebe warte, um mir wieder wie vor Zeiten ihre vielen geheimnisvollen Gesichter zu zeigen. Konnte ich auch noch keine richtigen Touren machen, die Sinne waren mir doch erwacht, und so wie ich beim kühl rosigen Abendlicht mit den Augen die Schatten und Mulden der Berghänge ablas, so spürte ich, auf den Skiern, im Abfahren mit allen Gliedern und Muskeln, besonders aber

Hermann Hesse illustrierte die meisten seiner Briefe in einer für ihn typischen Art mit einem kleinen, jedesmal neu gemalten Aquarell. Dieses Bild schmückt einen Brief an seinen Freund Josef Englert.

mit den Kniekehlen, tastend die lebendige, wechselvolle Struktur der Hänge nach, wie die Hand eines Liebenden den Arm, die Schulter, den Rücken der Freundin erfühlt, seine Bewegungen erwidert, seinen Schönheiten tastend Antwort gibt.

Erst jetzt bin ich wieder in den Bergen, erst jetzt ist mir Schnee und Himmel, Arvenwald und Felszacke wieder vertraut und lieb. Ich sitze in der Mittagsstunde oben bei einer der Hütten am Tschuggen, packe mit Appetit mein Brot und Obst aus dem Rucksack, esse, strecke die Glieder, lege mich auf eine trockene Holzbank, fühle die heftige Sonne auf meinem schon

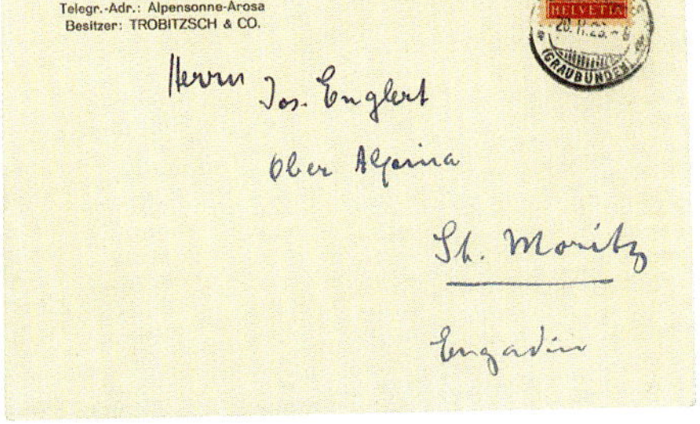

rot gebrannten Gesicht glühen, höre vom Dach der Hütte das vertrauliche Geräusch des abtropfenden Tauwassers, das mitten in der Schneewüste wie ein schüchternes Lied von Vorfrühling, von kommenden Blumen klingt. Ich steige auf knirschenden Brettern einen der großen Hänge hinauf, wo der Wald zu Ende ist und nur Kuppe an Kuppe weiß und gefroren sich erhebt und mich an verwegene hohe Bergpässe in Tibet erinnert.

Ich fahre einen der Hänge hinab, weich in den Knien, fühle die Form der hundert kleinen Terrassen und Wölbungen bis in den Kopf hinauf sich in mich einschreiben, musizieren, mich zu Abenteuern der Liebe und Vereinigung einladen. Ich erschrecke vor einem plötzlichen Absturz, an dessen Ende ein schwarzer offener Bach droht, oder vor einem kahl aus dem Schnee ragenden Steinklotz, suche ihm eilig auszuweichen, verliere die Herrschaft über meine Brettchen, falle heftig und doch weich gegen den Berghang, spüre Schnee am Hals und Nacken kitzeln,

Hesse (vorn) gönnt sich beim Aufstieg zur Hörnlihütte eine Verschnaufpause.

spüre Schreck und Erschütterung noch eine Minute nach, während ich mich wieder aufsammle und von neuem losfahre. Ich muß über einen Zaun steigen, ich streife mit den Hölzern über die rostigen Zweige von Alpenrosenstauden, die aus dem Schnee schauen, ich falle wieder, und jeder Anblick, jedes Abenteuer, jeder Fall erinnert mich an hundert vergessene Bilder, an hundert ähnliche kleine Erlebnisse aus früheren Jahren, an das Engadin, an das Prättigau, an den Gotthard und das Berner Oberland. Es sind kleine Anfängerausflüge, die ich da mache, und ich brauche zu einem Gang, den ein richtiger Skiläufer so nebenher in einer freien Stunde macht, einen halben Tag. Aber ich habe wieder gelernt, die Qualität des Schnees zu riechen, mich vom Berg tragen zu lassen, seine Neckereien mit dem Druck meiner Muskeln zu parieren.

Und ich erlebe diese kleinen Dinge anders, als ich sie einst in der Jugend erlebt habe, etwas dünner vielleicht und ohne Zweifel weniger lodernd und heftig, aber dafür tastender, zarter, schonender, erfahrener, so wie ein alternder Liebhaber der Frau statt blinder Jugendglut und Jugendkraft mehr Zartheit, mehr Verständnis, mehr Dankbarkeit entgegenbringt. So werbe ich um die Berge, die einstmals meine Freunde waren und die ich dann beinahe vergessen hatte, und sie gehen auf meine Werbung ein, nicht überschwenglich, nicht pathetisch, aber freundlich. Sie lassen ein wenig mit sich spielen, sie schenken mir manchen holden Blick, sie stellen mir dann wieder plötzlich ein Bein und erschrecken mich einen Augenblick mit einem ihrer dunklen, ihrer feindlichen Gesichter (beschneite Berge in der Abenddämmerung oder vor schwerem Schneefall können so schauerlich drohend, so tief feindlich, so tödlich blicken!).

In zwei Wochen muß ich eigentlich wieder fort, ich muß unten in einer Stadt eine Vorlesung halten, und dies und jenes tun. Ich habe die Absicht, diese Pflichten zu erfüllen. Aber wenn ich manchmal so im Schnee taumle und mich von einem Fall aufrichte, wünsche ich mir zuweilen, es möchte mir doch am letzten Tage vor der Abreise ein kleiner Unfall begegnen, nur so ein kleiner Ski-Unfall, der einen nicht umbringt und der doch genügen würde, um meine Ferien in Arosa um einige Zeit zu verlängern.

Vom 15. Januar bis zum 28. Februar 1929 verbrachte Hermann Hesse wiederum mit Ninon Ausländer Winterferien in Arosa; diesmal weilten sie in Maran. Allerdings verstauchte sich Hesse nach wenigen Tagen am Brüggerhorn einen Fuss. Seiner Schwester Adele schrieb er am 23. Januar:

Liebe Adis!
Jetzt sind wir etwas über 8 Tage hier, und ich habe die Zeit folgendermaßen benützt: zuerst lag ich 2 Tage halbkrank herum, bis ich die dünne Luft wieder vertragen konnte. Dann habe ich 2 Tage mich im Skifahren geübt. Dann am 5. Tag bin ich auf das Brüggerhorn gestiegen u. habe es fertig gebracht, bei der Abfahrt in ein Loch zu fahren, zu fallen u. mir am Fuß eine Sehne zu zerren. Und seither liege ich mit Umschlägen und lese den Copperfield dazu.

Mit schönen Grüßen Hermann

Und Ninon fügte hinzu:

Ja, was sagst Du nur zu Deinem Bruder! Aber im Hotel wohnt eine sehr nette Ärztin und die hat versprochen, dass Hermann übermorgen wieder skilaufen darf! Heute ist er mit bandagiertem Fuss ein wenig vor dem Hotel auf- und abgegangen. Es ist gut, dass er jetzt ein Zimmer mit Veranda hat, da kann er am Nachmittag dort auf dem Liegestuhl liegen und sich sonnen. Hoffentlich kann er bald wieder Ausflüge machen, das ist so schön, und das Skilaufen macht ihm solche Freude – im Gegensatz zu mir, der nur das Laufen Freude macht.»

Hermann Hesse beim Skifahren und auf der Terrasse des Hotels Hof Maran.

Stilisierte Berglandschaften auf vier Briefen, die Hesse in Arosa schrieb.

Tatsächlich heilte Hesses Fuss rasch. Seinem Freund Heinrich Wiegand berichtete der Schriftsteller am 27. Januar 1929:

Heut vor 8 Tagen habe ich mir oben am Brüggerhorn den Fuß verdorben, u. habe damit eine Woche verloren. Jetzt kann ich mit Bandagen wieder ein wenig ausgehen u. Skilaufen aber nicht weit, keine Touren, nur Spaziergänge. Die ganze Woche fiel Schnee, er liegt einige Meter hoch u. heute Nacht waren 20 Grad Frost.

Der Unfall gab Hesse auch Zeit, am Manuskript seines neuen Romans «Narziss und Goldmund» zu arbeiten. «Seit Tagen lese ich, zum ersten Mal, den Goldmund, jeden Abend 20 Minuten im Bett», teilte er Heinrich Wiegand mit. «Wie es so geht, gefällt er mir, solang er so neu ist, ganz gut, wenn ich auch einige mir unkorrigierbare Mängel finde. Das Fertigmachen des Manuskriptes in Zürich wird dann, hoffe ich, eine hübsche Arbeit sein und mir Freude machen.»

Am 15. Februar gab Hesse wie im Vorjahr im Kursaal eine Lesung, die «wiederum ein grosser äusserer und innerer Erfolg wurde, welcher das kecke Wagen der Kunstgesellschaft Arosa, diesen Abend mitten zwischen die Maskenbälle zu legen, vollauf rechtfertigte», wie das «Aroser Fremdenblatt» berichtete. Der Autor las eine Jugenderzählung und ein Kapitel aus «Siddharta» und trug Gedichte vor. Im Brief an Wiegand erwähnte Hesse diese Lesung, und er beschrieb den Alltag im Kurort etwas weniger begeistert als in der Zeitungsreportage vom Vorjahr:

Hier muss ich am 15. noch den Kurgästen meine Gedichte vorsingen; wie lang ich nachher noch bleibe, weiß ich noch nicht. Es ist leider so teuer und so viel Menschen hier, dass ich mich eigentlich immer ein wenig schäme in dieser Atmosphäre eines gewissen Luxus zu sein. In den wirklich menschlichen Dingen freilich wird kein Luxus getrieben, man hat weder Platz noch Ruhe, überall Geschwätz und Musik und alle die «Komforts» unsrer so bedürfnislosen Zeit verderben die Luft. Aber das ist alles in Arosa, draußen in den Bergen gibt es zwar auch Menschen genug, aber neben Sonne, Schnee und

Wind kommen sie nicht auf, und die meisten, sogar die Berliner, werden draußen freundlicher und kindlicher.

Mit eigentlichen Touren ist es wegen des Fusses nichts, und ich glaube kaum, dass ich dies Jahr einmal bis aufs Hörnli kommen werde. Aber ein paar Stunden bin ich doch jeden Tag draußen, und fast immer ist Ninon dabei, nur die Abfahrten mache ich dann allein, während sie im Rucksack die übrig gebliebenen Orangen und meine Seehundsfelle nach Haus trägt. Die Sonne hat mich sehr braun gemacht, Ninon nennt mich den Mohrenkönig Melchior. Jetzt gehe ich zu ihr hinüber, dort steht im Schrank meine Cognacflasche, davon kriege ich ein Glas in heißem Wasser.

Nach seiner Rückkehr nach Zürich zog Hesse dennoch eine positive Bilanz seiner zweiten Arosa-Ferien. Am 28. Februar 1929 schrieb er an Emil Molt: «Ich konnte ausser der täglichen Post in Arosa gar nichts arbeiten, dafür bin ich braun geworden und Ski gelaufen und es hat mir so gut getan, dass weder die Zeit noch das Geld mich reut.»

Später verwertete Hermann Hesse seine Arosa-Ferien ein weiteres Mal. Zum Jubiläum 50 Jahre Fremdenverkehr, das Arosa 1934 feierte, gab die «Neue Zürcher Zeitung» am 21. April eine Beilage heraus. Der Schriftsteller verfasste dafür die folgende Reportage:

Ich kenne Arosa nur im Winter und nur als Skiläufer, ich habe seine Matten niemals grün und seine Alpenrosenhänge niemals rot gesehen. Aber ich habe die Übungshänge von Inner-Arosa und am Tschuggen genauestens kennengelernt, und bin viele Male die Hänge hinangestiegen, über die man die kleinen, die Alteherren-Skitouren zum Breithorn, zum Hörnli zu machen pflegt usw. Als ich sehr müde und erholungsbedürftig das erstemal nach Arosa kam, war ich viele Jahre nicht mehr in den Bergen gewesen

Oben: Ninon Dolbin, Hesses spätere Frau, fuhr nicht Ski, besuchte Hesse aber auf den Skipisten.

Rechte Seite: In einem Brief an Joseph Englert erzählt Hermann Hesse von seinem Fuss, den er am Brüggerhorn verknackst hat.

und hatte zwar die Skier mitgenommen, die seit einem Dutzend Jahren auf dem Estrich gelegen hatten, wußte aber nicht, ob ich mit den Bergen und mit den Skiern noch etwas werde anfangen können. Und es begann damals auch mit einer Niederlage, ich vertrug die Höhe anscheinend nicht mehr, ich spürte schon gleich nach der Ankunft Herzbeschwerden, Unruhe und leichtes Fieber.

Die Berge, die ich in meiner Jugendzeit so sehr geliebt und so viel umworben und umschlichen hatte, und denen ich dann ein halbes Leben lang untreu geworden war, empfingen mich gar nicht freundlich. Während ich mit tausend plötzlich wieder erwachenden Erinnerungen an die Jugend, an die sorglosen Zeiten, an die Zeit vor dem Kriege mein Wiedersehen mit den Bergen feierte, mich und das Heute wehmütig mit der Jugend und dem Damals verglich, erwiderten die Berge diese zärtliche Begrüßung mit der stillen, harten, etwas spöttischen Gelassenheit, mit der die Natur uns Menschen – ihre begabtesten und verlaufensten Kinder – stets empfängt.

Sonderbare Gefühle machten mir das Atmen schwer, bei jedem Schritt wurde ich daran erinnert, daß ich kein Jüngling mehr sei, sondern ein alternder und schon recht verbrauchter Mann. Zwischen Schwitzen und Frieren, mit lästigen kleinen Fieberschauern, mit ängstlichem und flatterndem Herzschlag, schlaflos in den Nächten, mußte ich die erste Anpassung vollziehen, und es vergingen Tage, ehe ich nur daran denken konnte, meine Skier auszuprobieren, geschweige denn auf ihnen zu fahren.

Als dies überstanden war und ich die ersten Male vorsichtig auf meinen Skiern auszog, mußte ich eine andere Erfahrung machen: das Skilaufen hatte sich in den vielen Jahren, seit ich es als junger Autodidakt betrieben hatte, ganz und gar verändert, es wurde alles viel sachlicher, viel schneidiger betrieben, und auf dem überall plattgebügelten, brettharten Schnee der Skihänge mußte man erst einmal seines Christiania und seines Stemmbogens durchaus sicher sein, ehe man an Ausflüge denken durfte. Auch dazu brauchte ich Tage.

Arosa, Alpensonne, Sonntag

Caro amico! Seit beinah 14 Tagen bin ich hier, u. seit 8 Tagen kuriere ich an einem Fuß, den ich mir [illegible] verstaucht habe. Einige Tage lag ich ganz, jetzt kann ich mit Bandage wieder kleine Gänge u. Ski-Übungen machen.

Herzliche Grüße von

Ihrem H Hesse

«Manchmal kommt es vor, dass ich im Traum vor der Hörnlihütte stehe, den Toscanello wegwerfe und abfahre», schreibt Hesse in seiner Reportage. Die Hütte war bis zum Bau der ersten Sesselbahn 1945 nur in einem mehrstündigen Aufstieg zu erreichen.

Rechte Seite: Da er sich bei seinem zweiten Aufenthalt im Januar 1929 am Brüggerhorn den Fuss verknackste, hatte Hermann Hesse viel Zeit zum Malen. Das Bergkirchli gehörte zu seinen bevorzugten Sujets.

Aber inzwischen waren Schlaf und Appetit gekommen, die Haut begann sich an die Strahlung zu gewöhnen, das Atmen ging wieder leicht, das Herz war beruhigt, und bald war auch die Sorge um den Christiania überwunden, ich konnte mich jetzt von den Übungshängen und dem Tschuggen entfernen und kleine Touren machen. Nun waren die Berge nicht mehr feindlich und fremd, der Schnee und die Sonne nicht mehr ermüdend, ich blieb wochenlang dort oben und erreichte einen Grad von Kräftigung und Verjüngung, den ich nicht mehr für möglich gehalten hatte. Dafür bin ich Arosa dankbar geblieben, ich nahm die Jugendgewohnheit wieder auf, jeden Winter eine Weile in die Berge zu gehen, und wäre dieser Gewohnheit bis heute treu geblieben, wenn nicht nach einigen Jahren die «Krise» mir das wieder verboten hätte.

Die paar Ski-Winter aber haben auf lange hinaus mir wohlgetan und nachgewirkt, und es kommt noch manchmal vor, daß ich im Traum vor der Hörnlihütte stehe, den Toscanello wegwerfe und abfahre, daß ich vor einem plötzlichen Absturz erschrecke, an dessen Ende ein schwarzer offener Bach droht, daß ich nach einem Sturz mir den Schnee hinter der Brille herauswische, oder einem Hindernis mit raschem Schwung ausweiche, und im Weiterfahren die liebe kleine Kirche von Inner-Arosa winzig in der Tiefe liegen sehe.

AROSA
Schweiz · Suisse · Switzerland

Die schönsten Skifelder und das hübscheste Kirchlein

Annemarie Schwarzenbach beschreibt Arosa 1931 für einen Reiseführer

Annemarie Schwarzenbach lobt, die «besten, schlagkräftigsten und buntesten Plakate der Schweiz» seien für Arosa gemalt worden. Hier eine Arbeit von Donald Brun aus dem Jahr 1956.

Graubünden war ihre grosse Liebe, vor allem das Engadin. In Sils besass sie ein einfaches Haus, wohin sie sich nach ihren weiten Reisen immer wieder zum Schreiben und zur Erholung zurückzog. Die Schriftstellerin Annemarie Schwarzenbach, lange Zeit in Vergessenheit geraten und erst in den 1980er-Jahren wieder entdeckt, wurde 1908 als Tochter einer reichen Zürcher Industriellenfamilie geboren. Ihr Leben war geprägt von der Ablehnung ihrer Herkunft und dem Bemühen, den eigenen Weg zu gehen – wobei sie diesen Weg oftmals nur verfolgen konnte, weil sie dank ihrer Familie materiell unabhängig war. Ihre Reisen wären ohne ihren finanziellen Background nicht möglich gewesen. Die Strapazen ihrer abenteuerlichen Reisen – etwa im eigenen Auto nach Afghanistan – stand sie durch, obschon sie von fragiler Gesundheit war und immer wieder wegen ihrer Morphium-Sucht in Behandlung stand. Sie starb, erst 34-jährig, 1942 im Engadin an den Folgen eines Velounfalls: Beim freihändig Fahren war sie unglücklich gestürzt und mit dem Kopf auf einen Stein geprallt.

Über Annemarie Schwarzenbachs Beziehung zu Arosa wissen wir wenig. Im Winter 1931/32 weilte sie bei einer befreundeten Journalistin in Arosa in den Ferien und schrieb von dort an ihre Freundin Erika Mann, sie arbeite und habe festgestellt, dass das «am besten geht mit ein wenig Alkohol und Grammophon auf den nüchternen Magen». Im Übrigen finde sie, «dass man Europa und die alten Wege für ein Weilchen verlassen sollte, hier verlangt man zu wenig Mut und zu viel Geld von uns». Zu jener Zeit entstand ein Text, den Schwarzenbach für einen alternativen Reiseführer verfasste. «Schweiz – Was nicht im ‹Baedeker› steht» wurde vom damaligen NZZ-Feuilletonchef Eduard Korrodi herausgegeben. Schwarzenbach verfasste unter anderem das ganze Graubünden-Kapitel.

Oben: Annemarie Schwarzenbach stammte aus einer reichen Industriellenfamilie. Sie führte ein abenteuerliches Leben und unternahm viele Reisen. Ihre hervorragenden Reportagen sind erst jüngst wieder entdeckt und neu herausgegeben worden. Aufnahme aus dem Jahr 1932.

Unten: Annemarie Schwarzenbach verfasste im alternativen Reiseführer «Schweiz – Was nicht im Baedeker steht» das ganze Kapitel über den Kanton Graubünden, erschienen 1931. Umschlagillustration von Walter Trier.

Man braucht nicht in Arosa gewesen sein, um genau über seine Vorzüge Bescheid zu wissen – daß es nämlich die schönsten Skifelder, die schattigsten Waldspaziergänge, das hübscheste Kirchlein, die blauesten Seen und die heilsamste Sonne besitzt – man bekommt das durch die Plakate in den Wartesälen der schweizerischen Bundesbahnen fortwährend und eindringlich vor Augen geführt. Es steht jedenfalls fest, daß die besten, schlagkräftigsten und buntesten Plakate der Schweiz für Arosa gemalt werden. Keine Postkarte ist ferner so verbreitet wie die Ansicht des Kirchleins von Innerarosa. Ein Lob für die Reklamekunst, der aber – es soll gleich gesagt sein – die Tatsachen vollkommen gerecht werden. Man erreicht Arosa sehr angenehm von Chur aus mit der Chur–Arosa-Bahn. Ein einfallsreicher Autofahrer hat es diesen Winter auch fertig gebracht, in seinem Wagen mit Hilfe der Bobbahn bis Arosa zu gelangen. Der Wagen, behauptet er, sei dabei nicht einmal ernstlich zu Schaden gekommen. In Arosa eingetroffen, befindet man sich zuerst im runden Kessel des Obersees. Der Untersee ist nur im Sommer wegen seines Strandbades wichtig. Ein Autobus fährt vom Obersee die lange, gewundene Dorfstraße hinauf bis zum Kulmhotel. Im Kulm und im noch etwas höher gelegenen Tschuggen wohnt man am besten und am teuersten. Wer gern allein Ski läuft, sollte im Hotel Prätschli, auf der jenseitigen Anhöhe des Talkessels, wohnen. Das mondäne Leben Arosas verteilt sich und hat keinen rechten Mittelpunkt, der Kursaal zieht am meisten Leute an. Arosa hat sein klassisches Skigebiet, die Hörnliabfahrt (die einem glattgetretenen Parkettboden genau so ähnlich sieht wie die Übungsfelder von St. Moritz und Pontresina). Die Auswahl an großen und kleineren Touren ist beinahe so groß wie im zu Recht berühmten Skigebiet der Lenzerheide, die Schneeverhältnisse sind zuverlässig und die Sonne Winters und Sommers gleich angenehm.

Arosa habe «die schönsten Skifelder», meint Annemarie Schwarzenbach: Der Carmennahang im Jahr 1930, noch unverstellt durch Drahtseile und Skiliftmasten.

Die kleinen braunen Häuser von Innerarosa sind weit hinauf über den Hang verstreut und erleichtern dem Skifahrer den Anstieg, weil sie die Strecke übersichtlich und anspornend zerlegen. Im Frühling verwandeln sich die Hänge plötzlich in wahre Blumenteppiche, und dieser Vorgang hat in der kargen und ernsten Landschaft etwas unglaubwürdig Märchenhaftes.

Arosa befindet sich, wie man sagt, in der aufsteigenden Linie. In diesem Winter hat sich die belgische Königsfamilie leutselig und inoffiziell, in der Konditorei Simmen gezeigt, und eines der Serviermädchen versicherte mir nachher, daß die Königin bei ihr den ersten Cocktail ihres Lebens getrunken habe. Wenige Wochen später setzte Max Reinhardt die Reihe der berühmten Gäste fort.

Besonders die Deutschen bevorzugen heute Arosa, wie die Engländer oder Holländer die Lenzerheide, und wie vor ganz kurzer Zeit jedermann St. Moritz bevorzugte. Niemand wird im Ernst behaupten, daß die Wälder auf der Lenzerheide oder die Sonne im Engadin die Konkurrenz mit Arosa nicht bestehen. Aber man kann über die tatsächliche aktuelle Berühmtheit von Arosa ebensowenig diskutieren wie über jede andere Mode.

Thomas Mann war mindestens achtmal zu jeweils längeren Ferien in Arosa. Doch ist von diesen Aufenthalten kein einziges Foto bekannt. Dieses Bild zeigt Thomas Mann, seine Ehefrau Katia und Tochter Elisabeth («Medi») 1932 in St. Moritz.

Ganz als sei man nie weggewesen

Arosa war im Leben von Thomas Mann ein Wendepunkt: Hier entschloss er sich 1933, ins Exil zu gehen

Eigentlich sollte es nur ein dreiwöchiger Ferienaufenthalt werden, als Thomas und Katia Mann im Februar 1933 nach Arosa reisten. Doch es kam ganz anders. Nachdem Hitler am 30. Januar 1933 Reichskanzler geworden war, schafften die Nazis innert weniger Wochen die demokratischen Institutionen der Weimarer Republik ab. Schon im Februar wurde die Opposition – Sozialdemokraten, Kommunisten und Gewerkschaften – schikaniert und mundtot gemacht. Nach dem Reichstagsbrand am 27. Februar setzte eine Verhaftungswelle ein.

Thomas und Katia Mann waren Anfang Februar für eine Vortragsreihe über Richard Wagner in Europa unterwegs. Am 26. Februar trafen sie in Arosa ein. Hier wollten sie sich von den Strapazen der Vortragstournee erholen. In der Zeitung und am Radio verfolgten sie die Entwicklung in Deutschland und in ihrem Wohnort München, Hitlers «Hauptstadt der Bewegung», mit Sorge.

Auf den 5. März hatten die Nazis Wahlen angesetzt. «Tatsächlich war das ganze Hotel vorm Radio versammelt, um die Nachrichten über den Ausgang der Wahl zu hören», erinnert sich Katia Mann in ihren «Ungeschriebenen Memoiren». «Ich sass mit meiner Tochter Medi vor dem Apparat und sagte immer: ‹Es ist doch überhaupt lächerlich! Das sind doch gar keine freien Wahlen. Die Opposition haben sie ja zum grössten Teil eingesperrt. Was soll denn das?› Und da sagte jemand: ‹Aber gnädige Frau, nehmen Sie sich doch in acht.›»

In einem schwierigen Entscheidungsprozess ringen sich die Manns zum Entschluss durch, vorläufig nicht nach Deutschland zurückzukehren; im Verlauf der kommenden Wochen wird daraus die Erkenntnis, dass sie sich auf ein längeres Exil einrichten müssen.

Thomas Mann hat zeit seines Lebens Tagebuch geführt. In Arosa beginnt er am 15. März 1933 ein neues Heft, weil das alte in München geblieben ist. Die früheren Aufzeichnungen versuchte Thomas Mann im April 1934 aus München in die Schweiz zu überführen, doch brachte der Privatchauffeur, selbst ein Nazi, den Koffer nicht wie befohlen zur Bahn, sondern zur politischen Polizei.

Thomas Mann, der wochenlang auf den Koffer wartete, bekam Panik. Als Manns Anwalt in München intervenierte, gab die Polizei den Koffer erstaunlicherweise heraus. Erhalten sind die Aufzeichnungen trotzdem nicht: Mann hat im Mai 1945 in Kalifornien praktisch alle Tagebücher aus der Zeit vor 1933 verbrannt. Die Tagebuchaufzeichnungen Manns vom März 1933 an hingegen sind erhalten geblieben. Ab 1977 sind sie veröffentlicht worden.

An einer Stelle der Tagebücher erklärt Mann selbst, was die täglichen Aufzeichnungen für ihn bedeuteten. «Diese Aufzeichnungen, wieder aufgenommen in Arosa, in Tagen der Krankheit durch seelische Erregung und durch den Verlust der gewohnten Lebensbasis, waren mir ein Trost und eine Hülfe seither, und gewiss werde ich sie fortführen. Ich liebe es, den fliegenden Tag nach seinem sinnlichen und andeutungsweise auch nach seinem geistigen Leben und Inhalt fest zu halten, weniger zur Erinnerung und zum Wiederlesen als im Sinn der Rechenschaft, Rekapitulation, Bewussthaltung und bindenden Überwachung.»

Thomas Mann schrieb sein Tagebuch meist am Abend, vor dem Schlafengehen. Niemand durfte es lesen; nach seinem Tod wurden die Hefte zwanzig Jahre lang verschlossen. Tochter Monika Mann schrieb 1955 in einem Zeitungsartikel zum 80. Geburtstag ihres Vaters: «Ich war nie dabei, wenn mein Vater schrieb. Ich habe den

Verdacht, dass er ein magisch präpariertes Papier hatte, das leise aufjammerte, wenn er etwas Falsches hinschrieb. Denn er schien grosse Ehrfurcht vor dem Papier zu haben. Sein Manuskript sah so sauber aus, so gut wie nichts war verbessert darauf. Er schrieb alles auf den ersten Hieb richtig hin, in seiner adretten, abgründigen Handschrift – schwer zu lesen, in ihrer Abstraktheit: In den gemalten Zeichen schien der Gedanke mitzuschwingen. Nie schrieb er mit der Schreibmaschine, das wäre ganz undenkbar gewesen.»

Die Ferien im Februar 1933 waren nicht der erste Aufenthalt Thomas Manns in Arosa. 1914 und erneut 1926 war Katia im Waldsanatorium zur Kur. Dabei besucht sie ihr Mann. Das Fremdenblatt berichtet über einen Besuch Manns 1926 im deutschen Studentenheim Victoria: «Hochaufgerichtet, die schlanke Gestalt gestrafft, so stand er vor der hier versammelten deutschen Jugend und formulierte knapp und bestimmt seine hohen und ernsten Gedanken; ruhig und durchdacht, klar und überlegen, so sprach er. Mann sprach von der Notwendigkeit, der von Krieg und Revolution gespaltenen deutschen Seele neue Lebensfestigkeit zu geben, und drückte seine feste Überzeugung aus, dass es trotz allen Widerständen dem deutschen Volk gelingen werde, sich aus der Not der Gegenwart wieder zu Ansehen und Gewicht in der Welt emporzuarbeiten.»

Es kam anders. Sechs Wochen nach der Machtergreifung Hitlers wurde für Thomas Mann klar, dass er nicht nach Deutschland zurückkehren konnte. Zwei Wochen nach dem Eintreffen in Arosa beginnt er, seine Gedanken aufzuzeichnen.

Mittwoch den 15. März 33

Diese Nacht habe ich mit Hülfe des harmlosen Calcium-Mittels, das wir durch Nikischs kennen lernten, überraschend gut und ausgiebig geschlafen. Ich habe, wie all diese Tage, im Bett gefrühstückt und dann einige Zeilen, eilig, an Suhrkamp geschrieben, die Streichung betreffend einer censurwidrigen Phrase im Wagner-Essay über den Nationalismus. Wozu in diesem Augenblick diese Tiere reizen?

Heute Morgen bin ich, wie übrigens meistens am Morgen, frei von dem krankhaften Grauen, das mich seit zehn Tagen stundenweise, bei überreizten und ermüdeten Nerven beherrscht. Es ist eine Art von angsthaft gesteigerter Wehmut, die mir in gelinderem Grade von vielen Abschiedserlebnissen her vertraut ist. Der Charakter dieser Erregung, die neulich nachts, als ich zu K. meine Zuflucht nahm, zu einer heftigen Krisis führte, beweist, dass es sich dabei um Schmerzen der Trennung von einem altgewohnten Zustand handelt, um die Erkenntnis, dass eine Lebensepoche abgeschlossen ist, und dass es gilt, mein Dasein auf eine neue Basis zu stellen: eine Notwendigkeit, die ich, entgegen der Versteiftheit meiner 58 Jahre, geistig gut heisse und bejahe. Daher auch das eher lebendige als depressive Vorhaben, alle Amtlichkeiten und Repräsentativitäten bei dieser Gelegenheit von meinem Leben abzustreifen, die ich im Lauf der Jahre aus sozialer Gutmütigkeit, «Pflicht», «Eitelkeit» oder wie man es nennen will, daran hängen liess, und mich «aus den Schlingen der Welt» mit einem Ruck zu befreien, fortan in voller Sammlung mir selbst zu leben, – dieser Vorsatz des Neubeginns, den ich gestern Nachmittag auszuführen begann, indem ich K. die Erklärung meines Rücktritts vom Vorsitz des Schutzverbandes diktierte.

Seit vorgestern Abend ist Erika bei uns, und es wird kein Zufall, sondern eine jener «Sonnigkeiten» meines Lebens sein, dass in diesen Tagen meine beiden Lieblingskinder, die älteste und jüngste Tochter, um mich sind.

Eri's Ankunft erhöhte durch zahlreiche Geschichten von Münchner Narreteien und Atrozitäten, Verhaftungen, Misshandlungen etc., die sie mit sich brachte, die Aufregung und den Abscheu, und die Mahnungen von dorther, dass jetzt keines der exponierten Familienmitglieder nach München zurückkehren möge, haben seit Scharnagels u. Löwensteins Briefen einen immer entschiedeneren Tonfall gewonnen. Erika fährt heute, die nach Tirol geflohene Frau Giese mit dem Auto heraufzuholen. Sie wird mit ihr in der Schweiz bleiben. Was K. und mich betrifft, so erhält sich, in Erwartung von Reisigers Antwort, der Plan, dass ich morgen oder übermorgen zu ihm nach Seefeld fahre, während K. mit Medi vorläufig in die Poschingerstrasse zurückkehrt, um die dort fällig gewordenen Vorkehrungen und Standard-Änderungen durchzuführen. Während ich schreibe, überbringt sie mir die neue Idee, auf die Einladung der Werfels zurückzukommen und für einige Zeit zusammen in ihrem Hause in Venedig Wohnung zu nehmen. Ein stimulierender Gedanke, obgleich die Freundschaft zwischen der italienischen und deutschen Obrigkeit und der «Mario» dagegen spreche.

Noch dauert immer die Serie der Sonnentage an hier oben. Auch heute hat die Klarheit sich wieder hergestellt, obgleich in der Frühe Bedeckung herrschte und

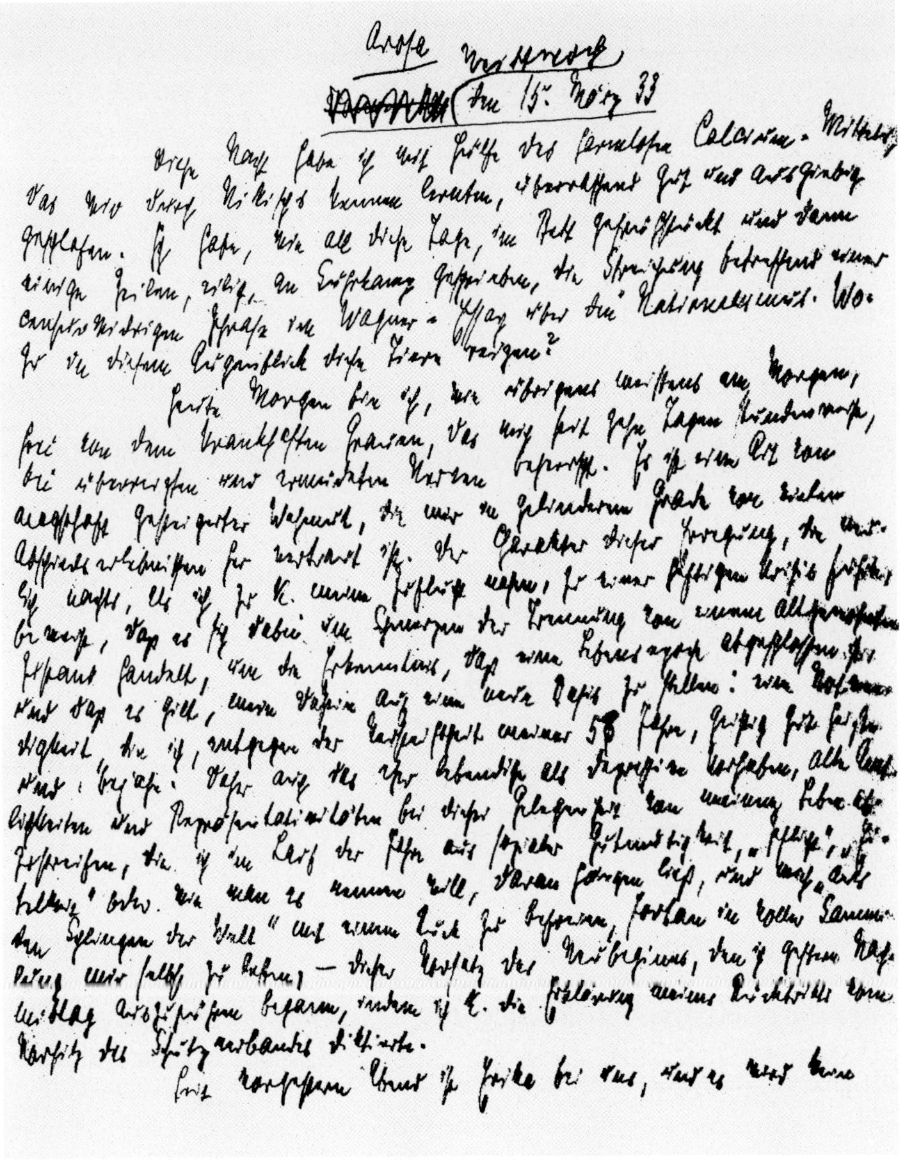

Am 15. März 1933 entschied sich Thomas Mann, wieder Tagebuch zu führen. In einem einfachen Wachstuchheft, das wahrscheinlich aus der örtlichen Papeterie stammte, begann er seine Eintragungen.

einen föhnigen Niedergang des Wetters ankündigte. Ich holte nach dem Ankleiden K. vom Ski-Platz ab, und wir gingen bei reinster Himmelsbläue spazieren. Zu zweit mit K. zu Mittag gegessen, da Medi an einem Ausflug teilnahm. Erika hat mir viel Lektüre mitgebracht, auch die «Corona» mit meinem Goethe-Vortrag, dazu das Joseph-Manuskript des 3. Bandes nebst dem Material.

Nachmittags im Orte mit K. Pass-Aufnahmen machen lassen. Beratungen mit ihr über meinen nächsten Aufenthalt: Seefeld? Innsbruck? Zürich? Man sprach ins Blaue, da Reisigers Antwort aussteht. Nahmen den Thee wie gewöhnlich im «Old India», ohne Medi, u. lasen die «N. Zürcher Zeitung»: über die Verhaftung Falkenbergs, den Tod Gerlichs und andere Greuel. Im Hotel Besuch bei Eri im

Auch prominente Nazis machten gerne Ferien in Arosa

Arosa war nicht nur der präferierte Lieblingsort des Demokraten und Antifaschisten Thomas Mann. In den Dreissigerjahren machten auch viele führende Nazis hier Ferien. Ein Grund dafür mag sein, dass seit Beginn des Fremdenverkehrs ein wesentlicher Teil der Gäste Arosas aus Deutschland kam. Dieser Touristenstrom brach nicht ab, als die Nazis am 30. Januar 1933 in Berlin die Macht übernahmen. Davos, der ewige Rivale Arosas, galt damals als «braune Zitadelle». Die Stadt jenseits der Maienfelder Furka galt als Zentrum der Nazis in der Schweiz. Hier hatte auch die Schweizer Sektion der NSDAP ihren Sitz. Viele deutsche Emigranten lebten in Davos; je nach politischer Grosswetterlage liessen die Schweizer Behörden sie ungehindert in Nazi-Uniformen durch Davos paradieren. Am 4. Februar 1936 erschoss in Davos der aus Jugoslawien stammende jüdische Student David Frankfurter den Leiter der Landesgruppe Schweiz der NSDAP, Wilhelm Gustloff.

Verglichen damit war die Situation in Arosa harmlos. Das Fremdenblatt berichtete am 29. März 1934, «auch dieses Jahr» hätten sich annähernd 100 Akademiker beiden Geschlechts aus Hamburg in Arosa getroffen, um «sich im Jungbrunnen der Natur physisch und geistig zu kräftigen und für kommende Pflichten zu rüsten». Der Berichterstatter erwähnte, die «wohldisziplinierte Kerntruppe des neuen Deutschlands», die «nunmehr zum regulären Sportbild Arosas» gehöre, habe sich tagsüber der körperlichen Ertüchtigung gewidmet. Am Schlussabend sei klar geworden, dass «die geistige Elite der neuen deutschen Republik ihren Weg in die Welt gefunden

Nazis willkommen: Arosa warb in den Dreissigerjahren mit einem Hakenkreuz-Kleber auf dem Koffer.

hat und denselben auch zuversichtlich und mutig zu gehen entschlossen ist». Der Aroser Gemeindepräsident Schmid, der an dieser Feier der Nazi-Studenten anwesend war, unterstrich laut dem Zeitungsbericht die Bedeutung der guten Beziehungen zwischen Deutschland und der Schweiz für den Fremdenverkehr.

Die Liste der Nazi-Grössen, die in Arosa Ferien machten, ist lang. Bekannte Beispiele sind unter anderem:

Die Schauspielerin Leni Riefenstahl (geboren 1902) war viele Male in Arosa und stieg in verschiedenen Hotels ab. «Ich liebe diesen Ort sehr», schrieb die inzwischen über 90-Jährige dem Herausgeber dieses Buches. Riefenstahl war im Januar 1930 für Dreharbeiten am Film «Stürme über dem Montblanc» mehrere Wochen in Arosa. In ihren Memoiren berichtet Riefenstahl über diesen Aufenthalt: Eine Fuchsjagd auf Skis mit dem einheimischen Skistar David Zogg habe ihr erlaubt, ihre Fahrkünste «sehr zu verbessern». Hans Danuser erzählt im dritten Band seiner Reihe «Arosa, wie es damals war» eine etwas andere Version: Weil Leni Riefenstahl es auch nach mehreren Versuchen nicht schaffte, einen Hang hinabzufahren, habe der Regisseur Arnold Franck kurzerhand die einheimische Gritli Hofstetter, die als Zuschauerin anwesend war, engagiert, worauf diese in Riefenstahls Jacke und Mütze den Hang hinabfuhr. Nach dem Machtantritt der Nazis gehörte Riefenstahl zum engsten Umfeld Adolf Hitlers; Rudolf Augstein bezeichnet sie als «Führerbraut ohne Geschlechtsverkehr».

Hitlers Wirtschaftsminister Hjalmar Schacht (1877–1970) machte 1937 im Hotel Seehof Ferien. Schacht war von 1934 bis 1937 Wirtschaftsminister; er gilt als der Mann, der der deutschen Regierung das Geld für die Aufrüstung beschaffte. Er war allerdings nie Mitglied der NSDAP und soll 1944 Kontakte zu den Widerstandskreisen um Graf von Stauffenberg gemacht haben. 1947 sass Schacht beim Kriegsverbrecherprozess in Nürnberg auf der Anklagebank, wurde aber freigesprochen.

Andere prominente Nazis in jener Zeit in Arosa waren Dr. Krupp von Bohlen Halbach, einer der wichtigsten Waffenfabrikanten Hitler-Deutschlands

Der bekannte jüdische Schauspieler Erwin Parker in den 30er-Jahren während der Sommerferien in Arosa.

(1934, im «Hof Maran») oder die beliebte UFA-Schauspielerin Camilla Horn (1903–1996), die 1933 kurz vor Thomas Mann im «Waldhotel» war. Hitlers Geschäftsträger in Bern, Freiherr von Bibra, stieg regelmässig im «Kulm» ab. Eine ganz besondere Beziehung zu Arosa hatte Hitlers Aussenminister Joachim von Ribbentrop (1893–1947). Sein Vater, ein Berufsoffizier, der 1908 den Dienst quittiert hatte, war im gleichen Jahr zusammen mit Joachims Stiefmutter nach Arosa gezogen. Joachim verbrachte als 15-Jähriger den Winter 1908/09 in Arosa. Er fuhr hier Bob und lernte bei einem englischen Privatlehrer die englische Sprache (was ihm später bei seiner Diplomatenkarriere als Botschafter in London und als Aussenminister sehr nützlich war). Ribbentrop kehrte als Jugendlicher noch mehrmals zu seinem Vater nach Arosa zurück. Ob er auch später noch in Arosa war, ist nicht bekannt. Ribbentrop wurde 1947 in Nürnberg zum Tod verurteilt.

Über die Einstellung der Aroser zu den Gästen aus Nazi-Deutschland ist wenig bekannt. Der bekannte jüdische Schauspieler Erwin Parker, der 1933 als 30-Jähriger aus Hitler-Deutschland nach Zürich emigrierte, erzählt in seinen Memoiren, er habe immer in den Sommerferien einem Aroser Bauern beim Heuen geholfen, und dieser habe ihm gesagt: «Du ghörsch zu üs, du derfsch denn au uf üserem Friedhof oben am Bergkirchli ligge.»

Hitlers Wirtschaftsminister Hjalmar Schacht (sitzend, mit Hut) machte 1937 im «Seehof» Ferien. Leni Riefenstahl (unteres Bild), die auch als «Führerbraut ohne Geschlechtsverkehr» bezeichnet wird, drehte 1930 in Arosa den Film «Stürme über dem Montblanc» und war oft hier im Urlaub.

Das Waldhotel, Thomas Manns bevorzugte Adresse in Arosa, wurde für die Saison 1932/33 vom Sanatorium zum Sporthotel umgebaut, das sich nun «Neues Waldhotel» nannte.

3. Stock. Sie ist mit der Giese im Auto zurück und wusste neue Mord- und Schandgeschichten aus München, die in den Tagen des Ausbruches der nationalen Freiheit die fortlaufenden regulären Gewalttaten politischer Art begleitet haben. Wüste Misshandlungen von Juden. [...]

Die Giese widerspricht für München den Gerüchten vom Abflauen der Gewalttätigkeiten. Die Ratsamkeit von K.'s Rückkehr neuerdings in Frage gestellt, während doch ihre Gegenwart in der Poschingerstrasse aus vielen Gründen notwendig. Gespräch mit ihr darüber und über die Umstellung des Haushaltes, die ebenfalls nicht zu überstürzen ist, weder beim Wagenverkauf noch bei den Kündigungen. Erneute Nervosität, Unsicherheit und Sorge.

Donnerstag den 16. 3.

Seit gestern haben die Aspekte sich wieder wesentlich verändert. Pläne halten nicht stand. Reisiger telephonierte abends aus Seefeld. Es ist seines eigenen Bleibens dort nicht, wie überhaupt Österreich nicht geheuer u. besser zu meiden ist, wie sich aus den Gesprächen mit der Giese ergab. Es war die Bestätigung schon gehegter Gedanken. Das Gegebene scheint die Schweiz, und zwar ergibt sich mir aus unseren Beratungen die Wahl zwischen Lenzerheide, dem Hause der Hanna Kiel, und Zürich, im Kontakt mit Franks. Das Schlimme ist, dass vorläufig beides mich ängstigt.

Obgleich ich leidlich geschlafen, waren heute vom Erwachen an meine Nerven in schlechtem, beängstigtem Zustande. Die Trennung von den Meinen flösst mir Furcht ein, obgleich ich mich dessen schäme. Verzweiflung an meiner Lebensfähigkeit nach der Zerstörung der ohnedies knappen Angepasstheitssituation.

Nervöse Krisis im Gespräch mit K., die zu einer gewissen Beruhigung führte. Beschluss, uns vorläufig nicht zu trennen, sondern morgen zusammen nach Lenzerheide zu fahren und K.'s Reise nach M. zu verschieben, zumal auch ihre Sicherheit dort nicht unbedingt gewährleistet wäre.

Freitag den 17. 3.

Dieser Morgen ist besser u. ruhiger als der gestrige, obgleich der Schlaf oft unterbrochen und ich früh wach war. Ich habe gebadet und im Bett gefrühstückt. Im Lauf des gestrigen Tages wurden die Pläne ergänzt und vorläufig festgelegt. Berufung Golos nach München. Medi kehrt dorthin u. zur Schule zurück, obgleich Franks aus Lugano Warnungen einschärften, die nach unserer u. des Kindes Überzeugung hinfällig sind. Lugano, Parkhotel, als nächsten Aufenthalt nach Lenzerheide in Aussicht genommen. [...] Feist, der von Eri brutalisiert worden war, mit der Besorgung meines ablaufenden Passes, dem Transport

meines Pelzes u. Verhandlungen wegen Überstellung von Geld in die Schweiz beauftragt.

Wir tranken zum letzten Mal Thee im Old India zusammen mit Eri u. Medi. Einkauf von Papier- u. Toilette-Waren. Zu Hause den Koffer wieder gepackt. Besprechungen über Dauer-Wohnsitz in Locarno oder Zürich. Gespräch über die kess-sadistischen Propaganda-Pläne der deutschen Regierung, die angekündigte Niederwalzung und totale Uniformierung der öffentlichen Meinung, die Ausrottung jeder Kritik, die Zweckloserklärung jeder Opposition. Der widerlich modernistische Schmiss, das psychologisch Zeitgemässe darin, in Anbetracht der kulturellen, geistigen und moralischen Rückbildung. Das kess Moderne, Tempomässige, Futuristische im Dienste der zukunftsfeindlichen Ideenlosigkeit, Mammutreklame für Nichts. Schauderhaft und miserabel. – Der gesellige Abend physisch recht wohltuend

Meldung vom Verbot des «Tagebuchs» u. der «Weltbühne». Besorgnis wegen der «Rundschau». Ohne Zweifel besteht die Tendenz, der Nation möglichst alle Bildungsmittel abzuschneiden. Siehe Papen gegen die Volksschule. Bildung u. Denken ist selbstverständlich nicht erwünscht, sondern gewollt wird die Massenverdummung zum Zweck mechanistisch einförmiger Beherrschung mit Hülfe der modernen Suggestionstechnik. Schlimmster Bolschewismus, unter dem deutschen Gesichtspunkt gesehen, vom russischen aber unterschieden durch den Mangel jeder Idee. [...]

Sonnabend d. 18.3.33,
Lenzerheide, Chalet Caiiols

Gestern Vormittag 12 Uhr Abreise von Arosa. Stark besetzter Zug, wüst-deprimierende Zeitungslektüre. Eri fuhr mit der Giese per Auto nach Chur, begrüsste uns unterwegs. Entnervender Föhnsturm. In Chur, Steinbock, Mittagessen mit Eri u. der Giese. Ich setzte die Antwort an den Akademie-Präsidenten Schillings auf, worin ich den vor der Abreise erhaltenen Revers weder mit Nein noch mit Ja beantwortete, aber meinen Austritt erklärte.

Die Entwicklung in Deutschland bekräftigt die Manns in ihrem Entscheid, nicht nach München zurückzukehren. Nach der Lenzerheide reisen Thomas und Katia Mann im April 1933 nach Lugano, von wo aus Mann mehrmals Hermann Hesse in Montagnola besucht. Im Juni mietet er ein Haus in Sanary-sur-mer an der Côte d'Azur in Südfrankreich. Nach vergeblichen Versuchen, in Basel eine Liegenschaft zu finden, beziehen die Manns Ende September 1933 ein Haus an der Schiedhaldenstrasse in Küsnacht bei Zürich, wo sie die nächsten fünf Jahre bleiben werden. Im Februar 1934 kehren sie nach Arosa zurück.

Montag, den 26.2.34

Der Reisetag ist gekommen, heiter-vorfrühlingsmässig von Charakter. Ich stand schon 8 Uhr auf. [...] Das Haus ist in Unruhe. Ich werde mich noch ein wenig mit dem Kapitel beschäftigen und dann packen. Das Mitzunehmende an Büchern ist genau zu bedenken und einzuschränken, ohne dass Entbehrung erwächst.

Arosa, Neues Waldhotel, am Abend desselben Tages. Der Kreis ist also geschlossen, wir sind, um 5 Uhr, wieder hier angelangt, wo ich voriges Jahr, ein wenig später schon, am 15. März, diese neuen Aufzeichnungen begann. Alles ist unverändert, mit erstaunten Augen sahen wir wieder, wie das zu gehen pflegt, die Zwischenzeit versinken, das Wieder und Immer noch verschwimmen. Ich war recht nervös gewesen vor der Abreise, die eine rechte Münchener Abreise war: mit dem Küsnachter Chauffeur, unter Assistenz der Kurz, der Mädchen, der Kinder. Das Mädchen Maria, nach München reisend, fuhr mit zum Bahnhof. Unser Zug fuhr 1 Uhr 40; es war viel Platz darin. Wir waren in zwei Stunden in dem vertrauten Chur, wo voriges Jahr der traurige Abschied von Medi sich vollzog. Wir vesperten im Bahnhofsrestaurant. Der Arosa-Zug sehr besetzt, was die Nervosität steigerte, mit der ich dem Aufstieg in die Sphäre entgegensah, die am Ausgang des vorigen Winters meine Erregung so sehr gesteigert hatte. Beängstigung wollte mich überkommen, doch ging sie vorüber, und die Ankunft geschah in ruhiger Müdigkeit. Wir fuhren im Schlitten, das Gepäck auf angehängtem Fahrzeug, die bekannte Strasse hinauf zum Waldhotel. Begrüssung durch Dr. Richter, der uns in die Zimmer im III. Stock geleitete. Ich bewohne das meine provisorisch für einige Tage, da das eigentliche, an das K.'s stossende noch nicht frei ist. Wir packten aus, installierten uns, ich rasierte mich und kleidete mich um. Wir nahmen das Diner im Separatzimmer allein. Da das Frühstück unterwegs nur leicht gewesen, ass ich mit starkem Appetit. [...] Bei Zeiten zu Bette.

Der Speisesaal des «Zauberberg» war in Arosa

1912 verbrachte Katia Mann mehrere Monate in einem Davoser Lungensanatorium. Die Eindrücke, die Thomas Mann bei den Besuchen bei seiner Frau gewann, bewogen ihn, den «Zauberberg» zu schreiben. Er begann mit der Niederschrift 1913 und beendete das Manuskript 1924. Der Roman erzählt die Geschichte von Hans Castorp, der seinen lungenkranken Vetter Joachim im Sanatorium besucht, selbst krank wird und schliesslich sieben Jahre bleibt. Mann siedelt sein Sanatorium in Davos an. Bei der Beschreibung des Speisesaals stützt er sich auf ein Foto des Waldsanatoriums Arosa, wohin Katia Mann nach Davos zur Kur reiste. Der Vergleich von Text und Foto ist frappant.

Und dann traten sie ein in den hellen, flachgewölbten Raum, wo Stimmen schwirrten, Gerät klapperte und die Saaltöchter mit dampfenden Kannen umhereilten. Sieben Tische standen im Speisesaal, die meisten in Längsrichtung, nur zwei in die Quere. Es waren grössere Tafeln, für zehn Personen jede, wenn auch die Gedecke nicht überall vollzählig waren. Nur ein paar Schritte schräg in den Saal hinein, und Hans Castorp war schon an seinem Platz: er war ihm an der Schmalseite des Tisches bereitet, der mitten vorn stand, zwischen den beiden querstehenden. Aufrecht hinter seinem Stuhle, verbeugte Hans Castorp sich steif und freundlich gegen die Tischgenossen, mit denen Joachim ihn zeremoniell bekannt machte, und die er kaum sah, geschweige, dass ihm ihre Namen ins Bewusstsein gedrungen wären. Dann setzte er sich und nahm beifällig wahr, dass man das erste Frühstück hier als eine ernste Mahlzeit behandelte.

Es gab da Töpfe mit Marmeladen und Honig, Schüsseln mit Milchreis und Haferbrei, Platten mit Rührei und kaltem Fleisch; Butter war freigiebig aufgestellt, jemand lüftete die Glasglocke über einem tränenden Schweizer Käse, um davon abzuschneiden, und eine Schale mit frischem und trockenem Obst stand obendrein in der Mitte des Tisches. Eine Saaltochter in Schwarz und Weiss fragte Hans Castorp, was er zu trinken wünsche: Kakao, Kaffee oder Tee. Sie war klein wie ein Kind, mit einem alten, langen Gesicht, – eine Zwergin, wie er mit Schrecken erkannte. Er sah seinen Vetter an, aber da dieser nur gleichmütig mit Schultern und Brauen zuckte, als wollte er sagen: «Ja nun, was weiter?», so fügte er sich in die Tatsachen, bat mit besonderer Höflichkeit um Tee, da es eine Zwergin war, die ihn fragte, und begann Milchreis mit Zimt und Zucker zu essen, während seine Augen über die andern Speisen hingingen, von denen zu kosten ihn verlangte, und über die Gästeschaft an den sieben Tischen, die alle innerlich krank waren und schwatzend frühstückten.

Der Saal war in jenem neuzeitlichen Geschmack gehalten, welche der sachlichsten Einfachheit einen gewissen phantastischen Einschlag zu geben weiss. Er war nicht sehr tief im Verhältnis zu seiner Länge und von einer Art Wandelgang umlaufen, in dem Anrichten standen und der sich in grossen Bögen gegen den Innenraum mit den Tischen öffnete. Die Pfeiler, bis zu halber Höhe mit Holz in Sandelpolitur bekleidet, dann glatt geweisst, wie der obere Teil der Wände und der Decke, wiesen buntfarbige Bandstreifen auf, einfältige und lustige Schablonen, die sich an den weitgespannten Gurten des flachen Gewölbes fortsetzten. Mehrere Kronleuchter, elektrisch, aus blankem Messing, schmückten den Saal, bestehend aus je drei übereinander gelagerten Reifen, welche mit zierlichem Flechtwerk verbunden waren und an deren unterstem wie kleine Monde Milchglasglocken im Kreise gingen. Es waren vier Glastüren da, – an der entgegengesetzten Breitseite zwei, die hinaus auf eine vorgelagerte Veranda gingen, eine dritte vorn links, die geradeswegs in die vordere Halle führte, und dann jene, durch die Hans Castorp von einem Flur aus eingetreten war.

Arosa den 27. 2. 34
Ich schlief gestern nach einigen Seiten Don Quijote unschwer ein, erwachte aber schon um 5 und schlummerte von da an nur noch leicht. Stand 8 Uhr auf, machte in der Loggia die gewohnten Tiefatmungen und frühstückte auf eigene Hand.

Gestern empfing uns Tauwetter, trüb. Auch heute ist es bedeckt, einzelne Schneeflocken fallen.

Ich habe den Sönneken-Abreisskalender mitgenommen, um in diesen Wochen das eigentümliche Vergnügen, das ich täglich, mehr oder weniger bewusst und stark beim Abreissen des Tagesblattes empfinde, nicht zu entbehren. Es bewährt sich darin, kurz gesagt, mein grauen- und liebevolles Verhältnis, zur Zeit, dem Element, das, sehr unabhängig von Proust und erkenntnistheoretischen Gedanken, in meinen Büchern eine so hervorragende Rolle spielt. K. berichtete gestern, der Küsnachter Doktor habe neulich bei der Untersuchung ihrer weiblichen Organe, mit Bezug auf die zu lange dauernde Regel geäussert: es sei Zeit für sie, dass es mit dem «Frühlingszauber» ein Ende habe. Das rührte und ergriff mich unbeschreiblich. Gefühle dieser Art, wie der Ablauf des Lebens, meines eigenen und der mir Verbundenen sie mir erregt, umfassen die ganze Skala von leichter und weicher Rührung bis zum tiefsten Todesgrauen und panischem Entsetzen.

Auf der anderen Seite verstärkt sich die Freude am bewussten Genuss der kleinen und alltäglichen sinnlichen Annehmlichkeiten des Lebens, wie sie in der Faust-Novelle thematisch werden soll. Mein Zimmer hier ist ausserordentlich bequem und praktisch, es freut mich der geräumige Waschtisch mit beliebig viel heissem Wasser und dem kleineren Becken mit rotierender Spühlung. Das Frühstück war genussreich, das grosse und frische Ei zum Thee, der schmackhafte Honig, das schaumige Brot. [...]

K. besuchte mich. Ihr Schlaf ist besser als in Zürich gewesen. – Der Schneefall hat sich verstärkt. – Ich muss mit körperlichen Anforderungen in diesen Tagen sehr vorsichtig sein, die Nerven und den Herzmuskel schonen. Ich möchte aber jetzt in den Ort hinuntergehen. –

Ich tat das, liess mir das Haar schneiden, besorgte Briefcouverts, Tinte, Ansichtskarten, Cigarren und Orangen. Empfing Post bei der Rückkehr, nichts von Bedeutung. Schrieb einige Karten an der Hand einer vorbereiteten Liste. K. ist Skilaufen gegangen. Erika rief aus Basel an, wohin sie, nachdem das Gastspiel in Baden fehlgeschlagen, gefahren ist, um dort am 1. ihr Spiel zu beginnen.

Lag vor Tische eine Stunde auf dem Balkon. Es gab ein gutes Frühstück, aber mein Magen war etwas widerspenstig. Nachmittags ging ich zu Bett. Zum Thee mit K. in das altgewohnte Old India, wo wir die Zeitungen lasen. [...]

Arosa den 28. 2. 34
Gestern Abend heisser Kopf. Phanodorm um 1 Uhr, dann ruhiger Schlaf.

Das Wetter ist weiter schneebedeckt. Ich benutzte nach 8 Uhr das schöne neue und bequeme Bad und frühstückte mit Genuss. Rauche Ariston-Muratti-Cigaretten.

Der letzte Februar ... Wir treten nun eigentlich in den Monat des Entgleitens der bisherigen Lebensform. Mein Bestreben ging im Grunde dahin, sie möglichst wiederherzustellen. Hier ist sie es äusserlich absolut; man würde nichts merken. In Zürich ist sie es weitgehend. Die friedliche Loslösung von Deutschland, die Rückgabe des Meinen, die Überführung des Inventars in das Zürcher Haus würde meiner Beruhigung grossen Vorschub leisten. K. will nicht daran glauben und sucht mich auf die Notwendigkeit der Resignation vorzubereiten. [...]

Fertigte wieder ein paar Ansichtskarten aus. Ging dann bei aufgehelltem Wetter langsam spazieren. Reizend die zahmen Eichhörnchen an dem nach ihnen benannten Weg. Eins kam auf mein Locken und kratzte mir den Handschuh. Traf K., die von der Ski-Wiese zurückkehrte und setzte mit ihr den Spaziergang fort. Nervosität über einen unbequemen Pfad.

Sehr gutes Frühstück, mit Appetit eingenommen. Nachher auf dem Balkon. Wir weihten die gestern gekauften hübschen silbernen Liqueurbecherchen ein. Ich las Zeitungen. Die drei Bulgaren überraschend per Flugzeug nach Russland befördert, sinniger Weise am Jahrestage des Reichstagsbrandes. Goering hat nachgeben müssen. Sie sind in Moskau festlich empfangen worden. – Hitler kündigt in einer Münchner Rede eine alljährliche Volksbefragung an. Lautet sie unbefriedigend für die Regierung, so erfolgt – ein neuer Propagandafeldzug.

Ich ruhte draussen, die Sonne schien. Gegen 5 gingen wir auf meinem Umwege zum Thee ins Old India und machten nachher einige Besorgungen. Zu Hause ein paar Briefe diktiert. Das Wetter scheint kälter und scheint besser werden zu wollen. Schöne Gipfelbeleuchtung heute Nachmittag auf dem Heimweg. Weisse Wolken in halber Höhe des Berges. Wir gingen in ihrer Feuchtigkeit. [...]

Das neue Sport- und Familienhotel mit Einheitspreis
Thé dansant et soirée dansante
Täglich 4–6 und 8 1/2–11 1/2 Uhr
Phil Bernie von Blanchards Club London and his boys

Jeden Mittwoch grosser Ball

Direktion: **K. Richter**
Sport-Manager: **L. Born**

Frau G. Nast, Stargard
Sig. E. Ferrari, Chiasso
Herr Schmid, Herrliberg
Frau Generaldirektor P. Pulvermann mit Familie und Bedienung, Berlin
Frau R. Muser, Bochum
Mr. John Hartley, Leeds
Baronesse Slatin, Zürich
Herr Dr. Karl Schneider, Leipzig
Frau Helene Kellermann, Stettin
Herr und Frau Emil Bingmann, Ludwigshafen
Frau J. Scheurenberg, Berlin
Frau Baronin J. Rabenau, Lauban
Herr und Frau Dr. Heizmann, Grenzach
Frl. L. Plumacher, Solingen
Frau Olga Lachmann-Warburg, Den Haag
Herr und Frau Alfred Schädler, Kötschenbroda
Herr G. Baumgartner, Brugg
Herr und Frau Waser, Zürich
Frau und Frl. Laeicz und Bedienung, Hamburg
Herr und Frau J. Hürlimann, Dietikon
Herr H. Baumgartner, Brugg
Frl. M. Ruckstuhl, Wil
Herr P. Zivi, Elberfeld
Mr. and Mrs. A. D. Peters, London
Herr W. Kiefer, Basel
Mrs. E. Cooper, Douglas
Frl. Anita Herbst, Hamburg
Herr A. Berger, Hanover
Herr Fritz Neitz, Hanover
Herr Ch. Bruckner, Basel
Frau L. Mecker, Baden
Herr S. Delling, Altona
Herr und Frau A. Scherz, Bern
Frl. G. Leber, Bern
Herr und Frau Bleichröder, Hamburg
Herr Dr. Thomas Mann und Familie, München
Herr und Frau U. Schmid, Herrliberg
Frau Prof. Maria Sulzbach, Frankfurt a. M.
Herr und Frau Prof. Arthur Nikisch, Dresden
Mme. Epstein, Strasbourg
Frl. E. Kerner, Mannheim
Frl. Berta Mai, Frankfurt a. M.

Fremdenliste aus dem «Aroser Fremdenblatt» vom 23. März 1933. Als Wohnort geben «Dr. Thomas Mann und Familie» noch München an.

Beim Diner trafen wir den eben angekommenen F. Lion und plauderten während des Essens mit ihm. Er verhält sich gegen die deutschen Dinge sehr reserviert, erklärt, man dürfe sich noch nicht engagieren. Die Intelligenz habe vor den neuen politischen Notwendigkeiten versagt. [...] – Nun ja. Ich las etwas Ljeskow im Schreibzimmer und Damensalon. Wir nahmen später die neu-eingerichteten unteren Räume in Augenschein, einen Salon, ein Spielzimmer, den Radio-Raum.

Arosa, den 1. 3. 34
Der Monat der Heimsuchung und des Beginns der Abenteuer ist also an Ort und Stelle angebrochen. Mit einer gewissen Feierlichkeit habe ich das Kalenderblatt abgerissen. Es ist kalt und schneit.

Die klimatische Erregung sitzt mir halb freudig, halb beklemmend in den Gliedern und vereinigt sich mit den besonderen Empfindungen der Situation. Ich nahm gestern Abend Luminaletten, schlief auch bald ein, ohne zu lesen, erwachte aber um 1 Uhr wieder mit Herzklopfen und Magenbeklemmung, die sich aber als unecht und nervös erwies. Ich fand bald wieder Schlaf, der sich gegen Morgen wiederholt löste. Stand nach 8 Uhr auf, habe K. besucht, auf dem Balkon Tiefatmungen gemacht, Orangensaft getrunken, gefrühstückt und zu den ersten Cigaretten einige weitere Ansichtskarten geschrieben. [...] Diese Grüsse sind eine Sache der Humanität und freundlicher Menschenbindung. Man lässt es vielfach und nach allen Seiten fehlen, und so ein Zeichen des Gedenkens macht manches gut. –

Beschäftigte mich mit dem Joseph-Manuskript und schrieb etwas weiter. Ging halb 12 Uhr aus, an K.'s Übungsplatz vorbei, den Weg nach Maran. Viel Schnee, die Landschaft verschont, ich ging gern trotz der Menschen, von denen einer oder der andere erfreulich war. Zurück mit K. [...] Im Bette etwas geschlummert. Mädchen und Hausdiener begannen dann den Umtransport meiner Sachen in das K. benachbarte Zimmer, das geräumiger ist, einen besseren Arbeitstisch und bessere Veranda-Einrichtung hat. Auf Umwegen zum Old India. Ich spürte die von vorigem Jahr bekannte Angegriffenheit. [...]

Ging heute des Schnees wegen wieder in kurzen Hosen und Doppelstrümpfen.

Fühlte mich wohl wenn auch angegriffen und finde das Leben hier angenehm. Vielleicht spielt dabei der Vergleich mit dem gespannten und erschütterten Zustand des vorigen Aufenthaltes eine Rolle. – [...] Nach dem Diner im neuen Salon. Lion fand sich dort ein, und wir plauderten zu dritt. Er vertritt die Meinung, dass eine Aussöhnung des Systems mit dem älteren, höheren Deutschland in einigen Jahren kommen werde, und dass dies meine Stunde sein werde. Mein Schweigen sei im Interesse der Zukunft vollkommen richtig.

Thomas Manns Nachmittagsspaziergänge führten häufig ins Tea Room Old India. Dieses lag im Untergeschoss des Sporthauses Künzle an der Poststrasse. Die Liegenschaft wurde später zum heutigen Hotel Orelli umgebaut.

Arosa den 2.3.34
Gestern Abend keine Rede von Einschlafen; ich nahm nach 1 Uhr Phanodorm, das bald seine Wirkung tat, aber auch nicht mit der gewohnten Nachhaltigkeit. [...]

Nach dem Lunch auf der Veranda Zeitungen gelesen und draussen geruht. [...]

Arosa, Sonnabend den 3.3.34
Gestern Abend K.'s doppeltes Schlafmittel, Pastille und Tropfen, genommen und trotz des Katarrhs, der mich beunruhigte, eine gute Nacht verbracht. Schrieb nach dem Frühstück meine Seite weiter, fühlte mich aber ausnehmend und auffallend müde, und das hielt, wohl in Nachwirkung des gestern genommenen Mittels, den ganzen Tag an.

Schneewetter, alles in Wolken, bei einigen Wärmegraden.

K. kam schon nach Hause, als ich gehen wollte, und wir spazierten dann etwas vorm Lunch. [...]

Auf dem Spaziergang Begegnung mit Moeschlin und seiner Frau. Gespräch über die politischen Dinge im Stehen. Thee im Old India, immer bei grosser Schläfrigkeit des Kopfes, die aber das immer sich andeutende Wohlgefühl nicht hindert, das das Leben hier mir bereitet. [...]

Morgen ist der Jahrestag der entscheidenden Wahlen in Deutschland. K. sagte beim Thee, sie habe die Nacht danach nicht geschlafen, da ihr sofort klar gewesen sei, dass wir nicht zurück könnten. Bei mir war das keineswegs der Fall. K. erinnerte mich daran, dass unser damaliger, bald aufgegebener Beschluss, abzureisen, auf mein Drängen zurückzuführen gewesen sei. Dass es mit der Münchener Existenzform zu Ende sei, habe ich erst Tage später unter schweren Krisen erfasst. Ich bin dankbar dafür, wie sehr viel besser es heute ist als voriges Jahr.

Erika hat, wie wir gestern telephonisch von ihr erfuhren, ihr Baseler Gastspiel mit

Erfolg begonnen. – Nach dem Diner im neuen Salon mit Lion, der mir voller Bewunderung vom «Jaakob» sprach. Er wünscht, für die N.Z.Z. eine Nachkritik darüber zu schreiben. [...]

Arosa, Montag den 5.3.34
Ohne Mittel recht gut geschlafen. Aber das Zwischenkapitel nur mit Anstrengung zu Ende geschrieben.

Es fährt fort zu schneien.

Mit K. über das Prätschli-Hotel nach Maran gegangen, was zuviel war. Klimatische Überanstrengung und die psychische Einwirkung der blendend verschwimmenden Schneewüste führten zu einer Furcht-Erregung und dem Verlust der Nerven, den ich auch von Nidden her kenne. Unterstand in Maran. Später in beruhigtem Zustande ungestörter Heimweg. Verspätetes Lunch. [...]

Nachmittags im Pelz auf der Veranda. Beim Thee im Old India Zeitungen und Briefe gelesen. Einkauf von Cigarren und anderem. [...]

Arosa, Dienstag den 6.3.34
Eine bezaubernd zarte Gipfelverklärung zeigte gestern Nachmittag den Wandel des Wetters an, und heute war ein vollendet reiner, prunkend weiss-blauer, überschöner Tag.

Ich schrieb ein Stückchen zur Einleitung des neuen Kapitels, war mit K. wieder zum Apéritif in Maran und hielt Nachmittagsruhe in der Loggia. [...]

Im Old India beim Thee deutsche Touristen, von denen einer an unseren Tisch kam: Man habe an ihrem gestritten, ob ich es sei? [...]

Arosa, Mittwoch den 7.3.34
Föhn, Wärme, Lawinendonner. Vor 8 Uhr Pediküre. Vormittag der Korrespondenz gewidmet, mit der ich ins Gedränge gekommen war. [...]

Mit K. nach Maran. Schwere Sonne; Regendrohung. Neuer Wandel des Wetters binnen weniger Stunden: die Luft etwas erfrischt, die nüchterne und hässlich stumpfe Föhnbeleuchtung dem alten Schneegedünst wieder gewichen, das sich in leichte Flocken löst.

In den Blättern neue Kuriositäten über den deutschen Antisemitismus, Goebbels-Erlass gegen wieder tätige jüdische Schauspieler, Gerichtsurteile über die Widernatürlichkeit der Mischehen, alberne Rede des Germanen-Professors Günther gegen das Christentum. [...]

Abends hörten wir durchs Radio Teile eines Wagner-Konzerts aus Leipzig. Der Apparat sehr gut und trennscharf.

Arosa den 8.3. (Donnerstag) 34
Unlustig und fast ergebnislos gearbeitet, herabgestimmt und müde. Es handelt sich wohl um einen Rückschlag gegen die Erregung der ersten Tage. Mittags nach Maran, wie gewöhnlich. Die Schneenebel wurden von der Sonne durchbrochen, Bläue und Glanz der Berge erschienen; es war kälter, und der Nachmittag wurde sehr schön und leicht.

In der N.Z.Z. begann «Das bunte Kleid» zu erscheinen.

Wir tranken den Thee in einer anderen Konditorei, nachdem wir in der Spätsonne um den See gegangen.

Lion hat den «Jaakob» beendet und bei Rahels Tod geweint, auch er. Er hat Furcht für mich, – dass ich diesen Band nie übertreffen werde. Ein junger Nationalsozia-

Beim Eingang des «Waldhotel» erinnert eine Bronzetafel an den berühmten Hotelgast.

list, dem er davon gesprochen, weigerte sich, es zu lesen, weil ich «Deutschland in der Not verlassen hätte». Eine kleine Entstellung: Im Rausch hat es mich ausgetrieben. [...]

Arosa, Freitag den 9. 3. 34

Mit etwas mehr Behagen gearbeitet. («Glutbauch»). Föhnwind neuerdings, zu warm, nicht schön. In Maran, wie täglich. [...]

Im Roman-Feuilleton der N. Z. Z. läuft das «Bunte Kleid» weiter und wird ein hübsches Honorar bringen. Im Old India Einblick in eine «Berliner Illustrierte», schauerlich.

Ski-Genossen auf dem Übungsfeld, ein Journalist, mit dem ich gelegentlich korrespondiert, sprechen K. von der Notwendigkeit meiner Rückkehr nach Deutschland, das immer Deutschland bleibe und zu dem ich gehöre. Die Münchener Angelegenheit sei gewiss falsch angefasst worden; man hätte stärker und, in Hinsicht auf meine Person, selbstbewusster auftrumpfen müssen. – Man kennt die Münchener Dummheit nicht. – [...]

Arosa, Sonnabend den 10. 3. 34

Föhn, warm. Träge gearbeitet, wie überhaupt eine grosse Abneigung gegen Anstrengung und peinliche Ermüdbarkeit sich eingestellt. Ich schlief fest in der Loggia nach Tische. [...]

Nach dem Diner mit Lion: über sein Buch, das meine und über Politisches. [...]

Arosa, Sonntag den 11. 3. 34

Gestern Abend im Bette nach der Lektüre recht böser Erregungszustand mit Herzfliegen, Zittern und grosser Beängstigung. [...] Ich rief Katja, die eine Weile bei mir blieb und mit Hilfe von Stirnkompressen und Phanodorm kam ich allmählich zur Ruhe. Ich habe im Bett gefrühstückt. Die Sonne erschien und es wurde föhnig warm auf dem Weg nach Maran, wo wir Stückeraths trafen. Wir gingen mit ihnen zurück. Er erzählte, eine Verordnung sei erschienen, nach der das Duell entfeudalisiert sei: Jeder Deutsche, auch der kleine Mann solle fortan seine Ehre mit der Waffe in der Hand wahren! – [...]

Wir stiegen zum Prätschli hinauf, wo wir es so überfüllt fanden, dass wir nach Hause zurückkehrten und hier in der Halle zur Musik unsern Thee tranken. [...]

Arosa, Dienstag der 13. 3. 34

Gewaltiger nasser Schneefall, immer noch andauernd. Geisterhaftes und exzessives Bild. Schweres, erschöpfendes Gehen. Ich arbeite vormittags eine Seite.

Wir tranken wie gestern unseren Apéritiv in der Bar. Nach Tische in der Loggia.

Thee mit dem Paare Prof. Schulze-Gävernitz aus Freiburg im Old India. Gespräch über die deutschen Dinge, erregend wie jedes dieser Art, unangenehm besonders durch das Gefühl, aus der Nachbarschaft behorcht zu werden. [...]

Arosa, Mitttwoch, den 14. 3. 34

Wir haben unsere Abreise auf übermorgen gegen Mittag festgesetzt. Das Wetter bleibt wärmlich und bedeckt. Der nasse Schneefall hat aufgehört.

Die Ungunst der Witterung mag viel beigetragen haben, den anfangs hoffnungsvoll gehobenen Charakter dieses Aufenthalts mehr und mehr verfallen zu lassen. Meine Stimmung ist trübe geworden, die Nerven haben sich den Einflüssen der Höhenluft, zusammen mit der Bemühung um Arbeitsleistung wenig gewachsen gezeigt. Die Neigung zur Panik, zur Angst und nervösen Verzweiflungszuständen hat zugenommen. [...]

Gestern Abend sprach ich im Salon mit Lion, dessen kluge, wenn auch moralisch etwas schwächliche Anteilnahme ich schätze, über meine Lage und kam auf ihre Falschheit mit denselben Worten zurück, die sich mir schon vor einem Jahre, von Anfang an, dafür aufdrängten. Die innere Ablehnung des Märtyrertums, die Empfindung seiner persönlichen Unzukömmlichkeit kehrt immer wieder. [...] Dass ich aus dieser Existenz hinausgedrängt worden, ist ein schwerer Stil- und Schicksalsfehler meines Lebens, mit dem ich, wie es scheint, umsonst fertig zu werden suche, und die Unmöglichkeit einer Berichtigung und Wiederherstellung, die sich immer wieder aufdrängt, das Ergebnis jeder Prüfung ist, frisst mir am Herzen. [...]

Ich erwachte schon vor der Dämmerung und nachher noch mehrmals, habe ungenügend geschlafen. –

Unsere Gedanken sind viel bei Erika, deren Freundin und künstlerische Hauptgenossin, die Giese, morgen an einem übergrossen Myom operiert werden soll – eine bedenkliche Sache. [...]

Ging wie zu Anfang des Aufenthalts vormittags in den Ort hinunter zum Haarschneiden. Besuchte danach K. am Übungsplatz und ging allein nach Maran, wo ich eine Weile beim Vermouth sass. Starke Sonne, Frühlingswärme, die keines Rückfalls ins Winterliche mehr fähig schien. [...]

Der «Arier-Paragraph» bei der Reichswehr durchgesetzt in voller Rigorosität. Die Zukunft gehört der praktisch wiederhergestellten allgemeinen Wehrpflicht (450 000 Rekruten jährlich) mit Ausschlug des «Gastvolkes» der Juden und Nicht-Arier. Denn eine halbjüdische Grossmutter macht einen Mann zum «Gastvolk» gehörig und schliesst von der deutschen Volksgemeinschaft aus. – [...]

Spaziergang mit K., auf Umwegen zum Old India, recht anstrengend wieder für mich, – nach einer halben Stunde sind hier immer meine Nerven überbeansprucht. – Himmelsklarheit, leichter Frost und schöne Gipfelbeleuchtung. Danach sind weitere Niederschläge angekündigt. [...]

K. und ich hörten später durchs Radio einige moderne italienische Musik, eklektisch und wirksam, aus Hamburg. Vom deutschen Sender fing man auf, dass der Reichskanzler beim Verlassen einer Ausstellung das Volksauto als eine brennende Notwendigkeit bezeichnet habe.

Arosa, Freitag den 16. 3. 34

Früh erwacht, aber bis dahin ruhig geschlafen, nach einigen Seiten Don Quijote.

Schneenebel, Schneefall. Ich habe gebadet und gefrühstückt und es geht nun ans Packen und an den Abschied von diesem physisch erregenden und auch seelisch, dank den Erinnerungen, bewegenden Aufenthalt. Ein Brief an das «Reichs-Innenministerium» beschäftigt mich zuweilen, worin ich Lust hätte, die Geschichte meines Exils darzulegen und meine Entfernung von Deutschland auf noch etwa 2 Jahre zu bemessen. Eine Art von Urlaubsgesuch, dessen Bewilligung meinem Aussensein den Fluchtcharakter nehmen und zwischen der Heimat und mir ein würdig-friedliches Verhältnis herstellen würde, wie ich es im Grunde brauche. Dieser Plan ist wichtig. – [...]

Küsnacht – Zürich, am selben Tage. Wir gingen in Arosa, nach den obligaten Verabschiedungen zu Fuss zum Bahnhof und trafen unterwegs das Ehepaar Schulze-Gävernitz sowie Lion, der rührender Weise ungeachtet seines Briefes noch zum Bahnhofsabschied mit Kuchen-Zehrung gekommen war. [...]

Wir reisten bis Chur mit den Sch. G., was das Erlebnis des Abschiedes, der Rückkehr aus der extremen Sphäre ins Gemässere beeinträchtigte. Der Zug war sehr voll. In dem nach Zürich war dann Bequemlichkeit, wir verzehrten unser mitgenommenes Lunch, und ich las etwas Ljeskow.

Ankunft Zürich 4 Uhr. Unser Gelegenheits-Chauffeur aus Küsnacht zur Stelle. Mildes, sonniges Wetter. Fahrt mit dem Gepäck hierher, Begrüssung durch die Mädchen, Frl. Kurz und das Hündchen, das sehr zutunlich zu mir ist und sich gern in meinem Zimmer aufhält.

Thomas Mann fuhr regelmässig in die Winterferien, obschon er – im Gegensatz zu Hesse – selber nicht Ski fuhr. Dieses Bild entstand in St. Moritz; in Arosa sind sich die zwei nie begegnet.

1935 fahren die Manns zum Skifahren ins Engadin, doch 1936 kommen sie vom 13. Januar bis am 27. Januar wieder nach Arosa.

Der Ort sei menschenleer, schreibt Mann in den Tagebüchern. In seinem geliebten Tea Room «Old India» habe er sogar einen Fensterplatz gekriegt, was in früheren Jahren kaum gelungen sei. Doch jetzt sei «Fremdenzustrom zu erwarten, da die Schweiz sich mit dem Reich verständigt hat».

Ansonsten pflegt Thomas Mann den gewohnten Tagesablauf: am Morgen

Arbeit (1936 am Joseph-Manuskript), am Nachmittag ein Spaziergang.

Auch 1937 kommen Thomas und Katia Mann ins Waldhotel. Besondere Vorkommnisse diesmal: Katia verknackt sich beim Skifahren den Fuss («gnädig abgegangen. Umschläge und Bettruhe»).

1938 sind die Manns wieder drei Wochen im Waldhotel. Am Tag der Ankunft lobt Mann im Tagebuch ausdrücklich die «Bequemlichkeit der Reise hierher»: «Nach Versorgung des Gepäcks im Schlitten zu Fuss durch die Stadt zum Hotel. ‹Ununterbrochenheit›, Unmittelbarkeit des Wiederanschlusses an das gewohnte Milieu, ganz als sei man nie weggewesen. Das Hotel wie immer. Begrüssung mit Concierge u. Personal. Die gewohnten Zimmer im III. Stock, aus denen wir ‹eben› ausgezogen u. in denen wir uns nun zur Wiederholung (die etwas variiert sein, andere Inhalte haben wird) wieder einrichten. Bequemlichkeit, Platz, praktische Behaglichkeit. Freude an der Wiederaufnahme dieser Lebensform bis zur Bewegtheit.» Später notiert Mann: «Die Hälfte dieses Aufenthalts ist verflossen, ich stelle es mit Bedauern fest, denn ich fürchte das Nachkommende und fühle mich hier, trotz vorkommender Angegriffenheit, Erregung und Müdigkeit, wohler als irgendwo.» Immer wieder kommentiert Mann die Weltpolitik. In Frankreich zerfällt in jenen Tagen die Volksfront-Regierung Leon Blums, was das Land in eine anhaltende Krise stürzte. Der österreichische Ministerpräsident Schuschnigg beugt sich dem Diktat Hitlers und nimmt Nazis in die Regierung auf; einen Monat später marschieren deutsche Truppen in Wien ein und vollziehen den Anschluss. Die Weltpolitik äussert sich aber auch in menschlichen Schicksalen. Mann erwähnt, eine deutsche Jüdin und ihre Freundin hätten ihn um eine Zusammenkunft «zur Eröffnung ihrer tristempörenden Schicksale» ersucht. «Habe in einem bei Orelli zu deponierenden Brief freundlich abgelehnt.»

Thomas Manns Meisterschaft der deutschen Sprache zeigt sich zum Beispiel darin, mit welchen knappen Worten er im Tagebuch jeweils das Wetter in Arosa beschreibt. Beispiele: Föhn, Wärme, starker Schneefall. Nach dem Lunch bei dichtem, taumeligem Schneegestöber in der Loggia. In dickem Schnee um den See zum Thee gegangen. (15.1.38). – Sehr hell und heiter, reicher Schnee. (16.1.38) – Heiteres Wetter, kälter, Neuschnee. Spaziergang mit K. auf dem «Eichhörnchenweg». Besonnte Bergspitzen, unter denen eine lange Wolke das Thal füllte. (18.1.38) – Bedeckt, Schneegestöber, grosse Schneemassen. Kalt. (20.1.38). – Schönster Tag, blau, glitzernde Schneemassen, tief verschneites Gebirge. (21.1.38). – Schöne Spät-Beleuchtung der Berggipfel. (25.1.38) – Mild, bedeckt, dann sonnig. Prächtiges Bild der besonnten Schneedünen und ferneren Berge beim Blick von Maran hinüber. Wohltuende Wärme der Sonne. (26.1.38) – Temperaturfall, Tauwetter, Schneegestöber. Versuche zum Aufhellen, vergebens. Grossartige und bedrohliche Wolken-Vorgänge, Abprallen vom Berge, Zurückwälzen, Eindringen in andere Falte. Dichtes, dunkles Gestöber. (29.1.38)

Seit 1934 war Thomas Mann mehrmals in die USA gereist. Im Frühjahr

1938 gab er eine Vortragstournee durch 15 amerikanische Städte und entschloss sich während dieses Aufenthalts, in die USA überzusiedeln. Im September 1938 erfolgte der Umzug von Zürich nach Princeton, New Jersey. Drei Jahre später wechselte die Familie nach Kalifornien, zunächst in ein gemietetes und im Februar 1942 in ein eigens gebautes Haus in Pacific Palisades bei Los Angeles.

Nach Kriegsende gab er bekannt, dass er nicht gedenke, wieder in Deutschland Wohnsitz zu nehmen. 1947 machte er eine Europareise mit Stationen in der Schweiz und in England; Deutschland liess er aus. Erst 1949 setzte er seinen Fuss auf deutschen Boden und sprach an Feiern zum Goethe-Jahr in Frankfurt am Main und in Weimar. Dieser Auftritt in der DDR und seine angeblich prokommunistische Haltung wurden ihm nach seiner Rückkehr nach Amerika vorgeworfen. Mann empfand den in Amerika mit der Mc-Carthy-Bewegung aufkommenden Geist der Untoleranz als «bedrückend und besorgniserregend». «Der Gedanke einer wiederholten Emigration spukt längst, und dieses Tagebuch kehrt gewissermassen zu seinem Beginn, Arosa 1933, zurück», notierte er am 18. Juli 1950. Trotz Warnungen kehrte er nach Kalifornien zurück, entschied sich aber nach weiteren Hetzartikeln in amerikanischen Zeitungen zur Rückkehr nach Europa. 1952 zügelte Mann, inzwischen 76-jährig, wieder nach Europa, zunächst in ein gemietetes Haus in Erlenbach am Zürichsee und Anfang 1954 in ein grosses, gekauftes Haus auf der andern Seite des Sees, in Kilchberg.

Im darauffolgenden Winter nahmen Thomas und Katia Mann die Tradition der Winterferien in Arosa wieder auf. Da das Waldhotel in der Zwischenzeit zu einem Militärsanatorium umgebaut worden war, stiegen die Manns bei diesem letzten Aufenthalt im Hotel Excelsior oberhalb der hohen Promenade ab.

Kilchberg, Dienstag den 18. 1. 55

Viel Aufmerksamkeit auf das Zusammentragen der hundert auf die Reise mitzunehmenden Dinge. Auswahl der Bücher für den Bibliothekskoffer. Gestern Abend u. heute Morgen Packen der Kleider- und Schuhkoffer, der Handtaschen mit den vielen Flaschen u. Kleinigkeiten. Leichter Frost und starker Schneefall. Verspätung oder schlimmere Zwischenfälle zu befürchten. – Die Reisebibliothek etwas auf Luther-Erasmus abgestellt. – Unser Zug geht 1 Uhr 45 Min. Es soll vor 1 Uhr ein Imbiss genommen werden. [...]

Arosa, Donnerstag den 20. 1. 55
Hotel Excelsior.

Vorgestern Reise hierher, im Coupé II. Klasse mit unzähligem Handgepäck, dann mit dem Bergbähnchen, erstaunlich, ins tief verschneite Hochgebirge. Höflichkeit der Schaffner. Kamen ca. 6 Uhr hier an. War sehr ermüdet. Lag auf der Chaiselongue während K. auspackte. Trennung von Erika, die auf der Reise sehr hilfreich gewesen und nun mit eigenem Schlitten in ihr Hotel des Alpes fuhr. Im unsrigen erster Eindruck. Kinderfest in der Halle. Die Zimmer klein und erst praktikabel zu machen, aber mit geräumigen Loggien. Der Speisesaal noch ziemlich leer. Das Essen am ersten Abend sehr unpassend für mich. Gestern besser. Hielt mich eine

«Da war dieses grässliche Gefühl der Unsicherheit»

Elisabeth Borgese Mann, geboren 1918, ist die jüngste Tochter von Thomas und Katia Mann. Sie kam 1933, 1936, 1937 und 1938 mit ihren Eltern nach Arosa.

Frau Borgese, was ist Ihnen von den Arosa-Ferien 1933 in Erinnerung geblieben?
Ich war 1933 erstmals in Arosa. Ich bin mit den Eltern angereist, ich glaube, wir haben uns in Chur getroffen. Ich kam aus München. Meine Eltern waren vorher in Holland, mein Vater hat diesen Richard-Wagner-Vortrag gehalten. Die Ferien waren auf drei Wochen geplant.

Erinnern Sie sich, wie damals die Nachrichten aus Deutschland eintrafen?
Als totale Überraschung kam das alles ja nicht. Meine Mutter war schon lange recht pessimistisch und hat die Entwicklung kommen sehen. Die Folgen hat man sich noch nicht so recht vorstellen können. Viele haben gedacht, mein Vater gehörte dazu, dass sich die Nazis nicht lange halten könnten und dass man dann nach Deutschland zurückkehren könne.

Ihr Vater beschreibt, wie schmerzhaft es am Schluss der drei Wochen war, sich am Bahnhof Chur von Ihnen zu verabschieden.
Ja, da war dieses grässliche Gefühl der Unsicherheit. Wir wussten nicht, wann und wo wir uns wiedersehen würden. Ich hätte ja nicht nach München zurückkehren müssen. Aber ich ging dort zur Schule und fühlte mich wohl. Als ich dann in München war, habe ich sofort gemerkt, dass ich nicht bleiben konnte. Ich war entsetzt. Ich konnte es nicht fassen, wie sich die Menschen in drei Wochen verändern konnten. Das Haus war ja noch offen, da waren noch das gute Kinderfräulein, die Fräulein Kurz, und unsere Hunde, und mein Bruder Golo war noch da. Golo hat mich dann nach Lugano gebracht über den Bodensee. Wir haben einen Ausflug gemacht mit dem Schiff, weil man dafür keinen Pass brauchte, und sind dann in der Schweiz abgesprungen. Golo ist dann nochmals nach München zurückgekehrt.

Wie kann man sich einen typischen Tag Thomas Manns in Arosa vorstellen?
Die Tagesabläufe meiner Eltern waren immer ungefähr die gleichen, ganz gleich, wo sie gerade waren. Man hat gefrühstückt morgens, zusammen, gewöhnlich im Zimmer. Sie hatten meist ein gemeinsames Zimmer. Manchmal waren es auch zwei Zimmer; dann hat mein Vater das bessere Zimmer bekommen. Nach dem Frühstück sind meine Mutter und ich Ski laufen gegangen. Meist in einer Klasse. Meine Mutter hat's nie über den Babyhügel hinaus gebracht. Ich bin damals schon ganz gut Ski gefahren. Es gab damals noch keine Skilifte, wir mussten immer alles selbst aufsteigen. Hörnli, Weisshorn, Carmenna, Tschuggen, wir haben alles gemacht. Mein Vater hat bis ungefähr 12 gearbeitet, im Zimmer oder auf dem Balkon. Dann ist er spazieren gegangen und hat meist meine Mutter am Babyhügel abgeholt. Dann haben wir alle drei zusammen Mittag gegessen, im Hotel. Dann haben sich die Eltern ausgeruht, und ich bin nochmals Ski gefahren. Um fünf ist man nochmals spazieren gegangen, alle zusammen, zum Beispiel nach Maran oder zum Tee ins Old India. Das Abendessen war dann wieder im Hotel, und wir gingen relativ früh ins Bett.

Ihr Vater ist nie Ski gelaufen?
Nein. Mein Vater hat einmal Skis angezogen, in der Nähe von München. Er ist zwei Schritte gegangen und ist sofort wieder umgekehrt. Das war nichts für ihn.

Trotzdem sind er und Katia immer wieder nach Arosa zurückgekehrt. Was war das Besondere, was hat ihnen so gefallen in Arosa?
Ach Gott, meine Eltern sagten sich: wenn's schön ist, dann gehen wir halt wieder hin. Es hat ihnen gut gefallen. An Arosa hat ihnen die Landschaft gefallen, aber auch das Hotel. Es war gut und gepflegt, man hat sich dort zu Hause gefühlt. Es war schon sehr schön.

In den 30er-Jahren waren immer wieder auch prominente Nazis in Arosa zu Gast. Haben da jemals Begegnungen stattgefunden?
Nein, ich kann mich an keine erinnern. Meine Eltern hätten das auch nicht gewollt. Meine Mutter war sehr ängstlich, aber in Arosa haben sie sich sicher gefühlt.

Stunde in der Loggia auf, wurde von der Sonne vertrieben. [...] Stand heute nach befriedigendem Schlaf 8 auf, badete und frühstückte Thee mit 2 Eiern, was mir aber nicht gefiel. Natürlich Neigung zu Erregung und Verstopfung. – Cas Evac.

Arosa, Freitag den 21. 1. 55

Gestern den ganzen Tag sonniges Wetter. Hielt mich längere Zeit in der Loggia auf, ging mittags mit K. etwas aus und diktierte nachmittags einige Briefe, um die Masse zu lichten. [...] Mancherlei neue Post. – Fühle mich angegriffen, beklommen, zweifelnd ob die Höhe meinem Nervensystem zuträglich, bänglich, unsicher zu Fuss. Gegessen wie immer wenig und mit Schwierigkeiten. – Besuch von Erika. – Gingen zum Ort hinunter. Liess mir das Haar schneiden und mit einem Ei-Oel waschen. Bestellte Schnee-Sohlen für meine Schuhe, da auf den bisherigen zu viel ausgeglitten, was das Gehen sehr ängstlich machte. Fuhren im Schlitten zurück. Diktierte nachmittags zahlreiche Briefe, darunter ein paar schwierige. Ass etwas zugreifender und fange an, mich etwas besser und lebensfähiger zu fühlen. [...]

Arosa, Sonnabend, den 22. 1. 55

Das Wetter wie gestern leicht föhnig, mässig bedeckt, mässig kalt. Bestellte 8 Uhr meinen Kaffee mit einem Ei und ass die Kilchberger Zwieback dazu.

(Einfallende Krankheit)

Kilchberg, Sonntag den 6. 2. 55

Erkrankte in der Nacht auf den 23. 1. an einer ernst sich anlassenden Virus-Infektion. Früh qualvolle Fiebergedanken, beim Aufstehen Zittern, Schüttelfrost, Temperatur noch nach der Penicillin-Injektion über 39. Kollaps, Blutdruck einiges unter 90 (statt 140). Grosse Schwäche bei durch Penicillin beseitigtem, noch gelegentlich wieder einsetzendem Fieber. Verbringung nach Chur ins Hospital mit Krankenwagen, im Liegen, K. sass bei mir.

Einfahrt ins Hospital, wo Blutproben und Röntgenaufnahmen von Lunge und Halswirbeln gemacht wurden, weil dauernde (neuralgische) Schmerzen des Schädels links und am Hinterkopf mich molestierten. Kleines, hygienisch sauberes Zimmer ohne Bad und Toilette. Kein Fieber u. kein Eiweiss mehr im Urin. Blutdruck gebessert. Aber erhebliche Blutsenkung, wegen der die für Donnerstag gewünschte Heimreise nicht zugelassen. Blieb bis gestern, Samstag. Pflegeschwester Emmy, die nach einem Tag Schwester «Barbara» aus Bonn, mit hübschen Augen, ablöste. Seltsame Entnahme von Brustknochen-Mark, anaesthisiert. Befund normal. Abreise gestern nach dem Mittagessen, Coupé erster Klasse nach Zürich und Ankunft hier zum Thee (mit Toast und Sardinen.) – Glücklich, zu Hause zu sein, wenn auch schwach u. keiner Anstrengung, keinem körperlichen Tun gewachsen.

Thomas Mann wird nach diesem Spitalaufenthalt nicht mehr richtig gesund. Zum 80. Geburtstag am 6. Juni 1955 wird Mann in seiner Geburtsstadt Lübeck, in Zürich und in Holland vielfach geehrt. Wenig später erkrankt er an einem Gefässleiden. Er fliegt nach Zürich zurück und begibt sich zur Behandlung ins Kantonsspital. Eine geplatzte Beckenarterie führt am 12. August 1955 zu einem tödlichen Kreislaufkollaps.

PEIKERT
AROSA
FREMDENBLATT

Alpenrosen und Buttermilch

Der Satiriker Eckhard Henscheid über die extreme Beschaulichkeit Arosas

Dem Deutschen Eckhard Henscheid gefällt es in Arosa so gut, dass er hier Zweitwohnsitz genommen hat. Der 1941 geborene Satiriker und Schriftsteller war Mitbegründer der Satire-Zeitschrift «Titanic», hat Romane verfasst (unter anderem die sehr erfolgreiche «Trilogie des laufenden Schwachsinns») und ist Autor von Hör- und Fernsehspielen. Er schreibt aber auch über Fussball, klassische Musik und Literatur, wobei er bei der Bewertung von Kollegen nicht zimperlich ist. Günther Grass bezeichnete er als «Wichtigkeitskaspar»; Botho Strauss, urteilte er, verfasse «tranige Edelschickeriaprosa» und Karin Struck «besinnungsloses Geschmarre». Marcel Reich-Ranicki sagte über Henscheid in seiner Fernsehsendung, er sei ein «Idiot», worauf dieser den Literaturpapst als «Seichtkopf», «Gaudibursch» und «Kegelbruder» titulierte. Doch Eckhard Henscheid kann auch ganz nett sein. Seine Liebeserklärung an Arosa hat er für das Magazin «Facts» verfasst.

In alten Plakaten durchfächelte laut Henscheid «der Hauch des leicht Närrischen und schwer Schrägen das mondäne Bergdorf». Umschlag des «Fremdenblatts» der Saison 1932/33.

Wenn man, mit deutschen Gastaugen, das erste Schweizer TV-Programm und die in ihm auftretenden Gestalten besieht; wenn man die Schweizer Boulevard-Zeitung «Blick» und ihr unsäglich infantiles und modernistisches Sprachkauderwelsch taxiert; wenn man schliesslich den Bundesrat Kaspar Villiger in Rechnung stellt, der, wie seine heimischen Fernseh-Zombies auch, so aussieht, als ob er grad frisch aus einem kombinierten Friseurtoupetstudio und Verjüngungsfitmachsalon ausgeworfen worden wäre; wenn man diese drei als symptomatisch für die neuere und gegenwärtige Schweiz nimmt, dann kommt man auf ein ziemlich furchtbares Bild, neuschweizerisch: Imitsch.

Besser sieht es schon wieder aus in der eher wirklichen Wirklichkeit. Vor allem in Graubünden, und besonders in Arosa. Und ganz besonders dort in der Gestalt eines sehr zierlichen Greises, der sich schon am Sonntag früh um 10 Uhr in der Bahnhofsbar vermutlich mit Rotwein einen angedudelt hat, um 10.02 Uhr den Bus rund um den See zum Prätschli hoch besteigt und ihn aber bereits um 10.03 Uhr in der Seekurve wieder verlässt, derweil aber den Fahrer und sämtliche Fahrgäste so kreuzfröhlich, ja gottselig angestrahlt und angeblinkt und angekichert hat, dass einem selber ganz weh und wonnig ums Herz herum wird, so herzig und vorbildlich schräg hat es den Alten, wo die Jugend wie unter Zwang bereits seit ca. einer Stunde der Skisportverpflichtung nachkommt, schon am helllichten Tag buchstäblich aus der Kurve getragen.

Es muss ja nicht grad immer – das wohl verbindlichste deutsche Bild vom Schweizer – dem Heidi sein Grossvater Alm-Öhi in der Darstellung des Heinrich Gretler (so hiess er wohl, im Film von ungefähr 1955) sein. Mir jedenfalls hat der ziere, inzwischen vermutlich verstorbene Bahnhofsopa noch viel besser eingeleuchtet.

Ansonsten, zugegeben, strahlt für mich auch der Arosaner (oder heisst er: Aroserer?) meist und wesentlich mehr etwas Calvinistisches, Geschäftsmässiges, sagen wir: Unösterreichisches ab, ein nicht gerade von gemütvoller Heimeligkeit oder auch etwas unheimlicher Gemütlichkeit Überströmendes. «Die Schweiz hat auf mich immer dieselbe Wirkung: Das einzig lebhafte Gefühl, das sie in mir erregt, ist die Erleichterung, wenn ich sie überstürzt verlasse. Ihre schreckliche Mittelmässigkeit, ihr totaler Mangel an Seele, Ausstrahlung und Transzendenz drücken mich nieder» – so weit wie der hier reichlich blasiert sich gebende englische Romancier D. H. Lawrence («Twilight in Italy») würde ich natürlich nicht gehen, ich hätte ja sonst, nach mehrerlei Besuchen, hier nicht vor zwei Jahren Logis in Form eines Nebenwohnsitzes vor dem schönen Panorama des Rothorns und des Hörnlis genommen, und genau genommen bin ich andererseits auch recht froh, dass einem dieses seelenvoll-katholische und metaphysische Moment des Österreichischen, wie es selbst den Gottlosen etwa im nahen vorarlbergischen Schruns überwölbt, hier in Arosa nicht gar zu sehr und täglich zusetzt; sondern hier in Graubünden und zumal da oben in 1800 Meter Luftkurortshöhe strahlt das allgemeine Lebensgefühl sozusagen die klassische Max Webersche Synthese aus Protestantismus und Kapitalismus ab, versetzt mit dem unvermeidlichen Schuss von tourismusgestähltem Neohedonismus – also, Sie verstehen mein

Problem? Wenn schon nicht Krippenspiel und das in der Schweiz offenbar gänzlich fehlende Bauerntheater: etwas mehr Alphorn möchte halt schon sein, das Alphorn als die wohl unmittelbarste Seelenoffenbarung der Schweizer und ihre, neben dem Gebirgseisenbahnbau, sicherlich gewaltigste Kulturleistung.

Und, ein bisschen in Parallele dazu: Natürlich, davon bin ich überzeugt, erwarten die meisten Gäste auch heute noch von Arosa den tourismusarchaischen Charme der Jahrhundertwende, der Gründerzeit des modernen Sommerfrische- und Winterfreudenwesens. So wie sie selbst in der Mehrzahl ja nicht gerade die jüngsten und juvenilsten sind, sondern strukturell sozusagen aus rüstigen und reichen reifen Damen und naturwilligen Thomas-Mann-Lesern sich zusammensetzen. Doch, was weniger bekannt ist, die Alten-und-Kranken-Welt des «Zauberberg»-Romans hat mindestens so sehr wie im nahen und konkurrierenden Davos hier in Arosa seinen realen und lokalen Hintergrund. Und insofern schmerzen sie – und mich – natürlich schon ein bisschen die heftigen PR- und Aktivurlaubs-Innovationen, wie sie sich seit ein paar Jahren ganz unnachgiebig unser Fremdenverkehrsleiter einfallen lässt; vom Western-Countrymusik-Weekend über das Humor-Festival voller sogenannter Comedy-Shows zum Beginn der Skisaison bis hin zum dernier cri eines winterlichen Eis- und Schneedorfs oberhalb des alten und winzigen Bergkirchlis, das doch nicht zufällig 1492 genau im Jahr der Entdeckung Amerikas dort errichtet wurde, wie nämlich ein Einspruch des Alten und Wahren gegen allzu viel Eskapismus und Entdeckerdynamik; aber natürlich, allzu puristisch darf man da auch wieder nicht sein; und soll es wohl auch gar nicht: Schon um 1920 und 1935 und um 1950 umwehte und durchfächelte das mondäne Bergdorf Arosa der Hauch eines leicht Närrischen und schwer Schrägen und schwerst Sportiven: Vom Ballonwettbewerb zum Eisfussball, von irgendwelchen Kraulstaffelwettbewerben im (schon damals das Schwimmbad) Untersee bis zu mancherlei (alte Plakate und Postkarten beweisen es) demimondänen und demierotischen Gruppenrodelmachenschaften.

Und zumindest zwei recht arosaspezifische Spezereien machen alle sündhaften Tribute an die schandbare Neuzeit fast ja wieder wett: Erstens das gute Auskommen der Ski- und auch der so gut wie immer unter 25jährigen «Snowboarding»-Sportler sowohl mit den Rodlern als auch mit den fast noch arosatypischeren Schneespaziergängern. Und zweitens das freundliche Einvernehmen dieser mit ihren mitwandernden Hunden, von den grossen Hirten- und Bernhardinerhunden bis zu den putzigen und gleichfalls putzmunteren Stadthündchen. Denen allen Arosa dergestalt, wohl mehr noch als den Menschen, sommers wie winters zum Paradiese wird.

Um die Jahrhundertwende noch, was man so hört und liest, weitgehend und ziemlich schwer vorstellbar via Strelapass von Davos aus versorgt, wurde Arosa erst ab 1914 dank der Fertigstellung der recht wildromantischen rhätischen Chur–Arosa-Eisenbahn mit dem Rheinland, Zürich, Basel und damit mit Europa verbunden, relativ schnell verbunden: Heute beträgt die Reisedauer Basel–Arosa 3½, die von meinem Hauptwohnort Frankfurt a. M.

nach Arosa mit den superschnellen ICE-Zügen gerade mal 7 Stunden. Wahrscheinlich haben ja die Arosaner und Schanfigger das grosse Eisenbahnviadukt bei Langwies nur zu Demonstrationszwecken gebaut, um damals die Höchsten und Längsten in Europa zu sein, denn eigentlich hätte das Elektrobähnchen auch über eine etwas weniger spektakuläre Streckenführung sein Ziel Arosa erreicht – aber jedenfalls war jetzt mit dem Erfolg bald kein Halten mehr.

Wo heute, nach seinem Auftritt beim Humor-Festival, der gewaltige bayerische Menschendarsteller Gerhard Polt friedlich in Schnee und Sonne liegt, dort lagerte eine Generation vorher schon fast noch ansehnlicher Sophia Loren, und lang vor Thomas Mann und Christian Morgenstern soll schon Arthur Conan Doyle sich dort regeneriert und die nächsten Sherlock-Holmes-Abenteuer ausgeklügelt haben; die er dann freilich voller Undank in die wetteifernden Fremdenverkehrszentren der Reichenbach-Wasserfälle und des Berner Oberlands verlegte; obwohl doch so ein Finalfight Holmes–Moriarty auch gut und gern auf dem Hörnli (2513 Meter ü. d. M.) oder eben vor den herzerschütternd herabstürzenden Altein-Wasserfällen seitlich des Kletterwegs nach Davos hätte stattfinden können.

Andererseits muss Arosa damals, unvergleichlich mehr noch als immer noch heute, ein Ort der eben nicht extremen Bergsteigerei, sondern der schon extremen Beschaulichkeit gewesen sein. Wie ich einem vor 1914 – man erreichte das Ziel damals noch mit dem Postauto über das Plessurtal und Molinis – erschienenen Büchlein namens «Nach Arosa!» entnehme, reiste man damals noch nicht oder kaum wegen Langlauf und in der Regel schon gar nicht wegen dem neumodischen Schneebrettrutschen dorthin. Sondern erstens wohl fast ausschliesslich im Sommer, zweitens mehr l'art pour l'art oder drittens mehr zum Anbandeln mit schönen englischen Fräuleins. Oder jedenfalls deren willigen Zofen. Oder wenigstens zum Blumenzupfen – da ist Arosa damals wie heute ein Dorado: auch ich, eigentlich dazu unbegabt, beherrsche heute schon gut 30 Alpenflora-Namen. Allerdings, eine knallazurblau untergrundete Plakatwerbung von ca. 1950 weist «herrliches Arosa» weniger als Instanz der platonisch reinen Idee des Edelweiss (noch hab ich keins gefunden, wohl aber schon den raren Frauenschuh) aus und der gefallenen Menschheit den Weg; sondern mittels zweier grandioser und fast unverhüllt schimmernder Frauenbrüste einer strohblonden Schönheit vom Lande das Bergdorf eher als Hort aus einer gewissermassen naturhaften, rustikalmondänen Hochalpenerotik. Ja, wer hätt' halt damals schon mit gemischt haben dürfen, ich war damals leider fast noch zu ungeboren dazu – heute jedenfalls ist die Erotik m. W. weitgehend auf die Sauna-Fitness-Landschaften des Kulm-Hotels oder des (mir lokal assoziierten) Robinson-Club retiriert. Und scheint, ehrlich gesagt, nicht mehr allzu erträumens- und erringenswert; allzu gänzlich entblösst prosaisch und als sekundäre Dependance des allgemeinen Sport- und Gesundheitswahns hockt und schwimmt sie heute daher – im übrigen strahlt, noch ehrlicher gesagt, Arosa aber eh eher etwas Braves, Keusches, abermals Calvinistisches ab – die einzigen Male, dass ich Arosa wenigstens kurzzeitig exzessiv werden gesehen und gehört habe,

Die «strohblonde Schönheit vom Lande» auf dem Tourismus-Plakat macht Arosa für Henscheid zum Hort der «naturhaften, der rustikalmondänen Hochalpenerotik».
Plakat von Viktor Rutz aus dem Jahr 1935.

das war jeweils beim samstäglichen Abendessen in einem mehr proletarischen Lokal in Ortsmitte: als da nämlich am Neben- bzw. Stammtisch ca. sieben jüngere Schweizereinheimische, eingerahmt von ihren Freundinnen/Frauen, ein seltsam undurchschaubares Kartenspiel betrieben, das aber auch aus Schnapstrinken, normalem Plaudern und darin bestand, quasi nur nebenbei die Karten auf den Tisch zu legen – und das aber etwa alle Viertelstunden in einem vermeintlich unmotivierten Urschrei kulminierte, in einem wahren Deep-Throat von z. T. wohl Einzel-, z. T. Gruppengeröhre, ein schwarzes Loch von einem kosmischen Lärm-Schlund, in welchem sich wohl ganze Generationswillenskundgebungen von Leid und Lust des Homo erectus non solo sapiens versammelten und ballten – und auf das man allerdings im bergwärts vis-à-vis situierten Edellokal «Anita» leider wohl schon deshalb jahrelang vergeblich warten möchte, weil sich das auch 1995 wieder fast gewohnheitsmässig zum besten Weinlokal der ganzen Eidgenossenschaft qualifiziert hat. Und deshalb eher ruhig ist.

Wie der Arosaner insgesamt. Und sich auch sonst von – wieder das deutsche Auge und Ohr – Richard Wagners Gefühl für «das gute Zürich mit seinen ächten Zöpfen und Philistern» (Brief an den Freund und Revolutionär August Röckel, 1853) und also der Rest- und Gesamtschweiz nicht wesentlich unterscheiden dürfte. Obschon es da, wo der deutsche Arzt Otto Herwig aus Hanau die heilklimatische Wirkung der 1800-Meter-Luft entdeckt und 1888 ein erstes Sanatorium hingesetzt hatte, um die Jahrhundertwende auf der anderen Seite schon auch wieder scharf zugegangen sein muss: «Tollkühne Männer», so ein Bericht aus diesen Pionierjahren, «stürzten sich auf einfachen Hickory-Skiern in den Tiefschnee, während die Damen im Walzertakt ihre Pirouetten auf dem Natureis drehten oder sich zu einer Curling-Partie auf dem Obersee trafen. Die ganz Mutigen flitzten schon damals auf leichten Holzschlitten durch die Rütibahn oder auf schweren Stahlbobs nach Litzirüti.»

Das geht im Prinzip heute noch und ist beinahe so lang und schön wie die nahe und noch berühmtere Schlittelstrecke Preda–Bergün am Albulafluss. Und genau das verleiht dann vor allem den schönen Damen jenen «frischen Gesundheitsblick», der den dankbaren Schweizbesucher J. W. Goethe nicht weniger begeisterte als das seinerzeit von dem Einheimischen Gottfried Keller sogenannte und bewunderte «feste, schöngebaute Frauenfahrzeug» (Pankraz, der Schmoller), das da im überdurchschnittlich sportlichen Zentralgraubünden wer weiss noch etwas erbaulicher gebaut ist als im Restvolkskörper. Ja, da wirkt der viele und unermüdliche Sport fraglos sein Gutes – zu seinen beschaulicheren Spezies gehört in Arosa auch das Golf – da nämlich wird gespielt, wo ich selber im Winter ziemlich ausdauernd Skilanglauf treibe – von Profi-Golfern wird der sehr wellige Platz etwas abschätzig als Buckelpiste oder Ziegenplatz bezeichnet, den moderneren Golfplatzarchitekten gilt so ein Gelände aber als, höre ich, «grün» und «ökologisch». Mit einer Stimme aus dem neutralen Deutschland zu reden, meinem Freund Thomas Eimer aus dem hessischen Bad Vilbel, der im Juli d. J. beim Offenen Turnier in Arosa einen ehrenvollen letzten Platz belegte: «Man golft im untypischen Gelände, aber im Geist der Zeit.»

Dem gehorcht zweifellos auch Arosas Novität des «Wintergolfs» mit roten Bällen auf dem Obersee und einem grossen nationalen Turnier jeweils im Februar. Wie auch Newcomer-Sportarten und Freizeit-Spezereien, die zumeist auf die gewohnt englischen Namen wie «Bananas Snowboarding» und «Blues Kitchen Club Revue» und «Fire-and-Ice-Show» oder auch «Skisafari-Rundfahrt» im allgemeinen «Fit 4 you»-Arosa-Emblem-Programm hören – schon früher setzten die jedenfalls deutschen Sportsnarren ja mit «frisch-fromm-fröhlich-frei» auf die Magie des mehrfachen «f»-Aufputschlauts, so neu sind all die Innovationen also ja gar nicht – ich darf mich hier aber nochmals dem sehr durchdachten Wunsch meiner gleichfalls häufig in Arosa aufhältigen Schriftstellerkollegin Brigitte Kronauer anschliessen und ganz im Einvernehmen mit ihr herzlich bitten, es möchten «die Herren von der Touristik in Arosa sich nicht zu sehr der beschäftigungssüchtigen Jugend anbiedern» und ihrer besinnungslosen Bewegungssucht hinterherlaufen und immerzu neuen Schnickschnack sich einfallen lassen – denn, um das noch einmal mit einem hochqualifizierten deutschen Schweizergast zu sagen: «Das ärgert unsere Alten.» (Richard Wagner, Meistersinger, 3. Aufzug).

Um so weniger ist gegen das hochgemächlich-schwerzivile Eis-Schach in Maran und gegen das tägliche Nachmittagstreffen im Schach-Café vorzubringen. Zumal ich dort im Frühjahr gegen einen zu Arosa agierenden holländischen Internationalen Meister mal ein Remis gehalten habe.

Bus und Untersee-Freibad sind in Arosa, lobenswert, kostenlos. Und überhaupt ist erfreulich, jedenfalls für deutsche Beobachter: dass man da, wie in vielen anderen Dingen, mit einem Minimum an Kontrolle und Sicherheitsvorkehrungen auskommt. Weniger schön: dass auch im Hochsommer bei 27 Grad Lufttemperatur meist nur 1 von 50 Badbesuchern (meist: ich) das Bad auch brav nutzen. Dabei gibt's nach einer anstrengenden Sommerwanderung kaum etwas elektrisierend Schöneres als einen 17 Grad kalten Badesee. Höchstens noch einen halben Liter eiskalter Buttermilch pur oder mit Beeren versetzt: ein annähernd göttliches Getränk direkt aus der etwas oberhalb von Arosa gelegenen Maranalpe.

Aber auch die Buttermilch aus den drei Supermärkten ist nicht nur für surrogatgewohnte deutsche Kehlen: super. Wie höchstens sonst noch: Joghurt.

Nicht ganz so berühmt dünkt mich die Graubünden-Schanfigger Küche. Und auch wie vieles andere – die Schweizer verdienen nach neuster Statistik eineinhalbmal so viel wie die Deutschen! – für die meisten der armen grossen Stiefbrüder aus dem Norden leider viel zu teuer, oftmals sinnlos teuer, desaströs teuer für eine Fremdenverkehrsregion. Nicht jeder hat mein Glück, sich da einfach vom Freund Werner Schärdel aus Tübingen was vorkochen zu lassen. Der kann das eh viel besser. Auch das einheimische Essen. Ca. 22 von seinen 44 Lebensjahren hat er Sommerferien für Winterferien in Arosa verlebt. Und längstens eine Auszeichnung des Kurvereins verdient.

Ich selber bin vorerst mehr noch im Kommen. Vor allem ab Juni 1996 noch einmal vermehrt im heimischen Blumenwesen. Mir noch um 1990 unvertraute Dinge wie den Türkenbund, die Soldanella, die Männertreu, Mehlprimel, Leimkraut, Seidelbast, Aurikel, Arnika, Akelei und natürlich Enzian (in drei Formationen) kann ich schon.

Und natürlich meine Lieblingsblume vom vergangenen Jahr: die rostrote Alpenrose, im Volksmund und im gefühlvollsten aller Alpenlieder genannt: Almrausch.

Wer weiss, was da, selbst in der protestantisch profanen Schweiz, noch alles an semisakralen Räuschen und späten Leidenschaften auf mich zukommt.

«Nun kam ich an mit dem
kleinen roten Zug, fuhr über eine
hohe Brücke, hoch über die
Schlucht gewölbt, alle Bögen
mit Glühlämpchen skizziert in
der Dämmerung.»

Wo die Welt zu Ende und verriegelt ist

Die Schriftstellerin Brigitte Kronauer über die langsame Entdeckung der spröden Schönheit der Landschaft um Arosa

Die erfolgreiche und von der Literaturkritik hoch gelobte Hamburger Schriftstellerin Brigitte Kronauer (geboren 1940) kommt seit einigen Jahren regelmässig nach Arosa. Sie hat sich in dieser Zeit derart mit dem Ort und der Landschaft angefreundet, dass sie den letzten Teil ihres im Jahr 2000 erschienenen Romans «Teufelsbrück» zum Teil in Arosa spielen lässt, freilich ohne dies explizit zu erwähnen.

«Mich hat die Aussicht auf das viele Weiss hergelockt, aber eben nicht als Ebene. Als Hochgebirge! Nun kam ich an mit dem kleinen roten Zug, fuhr über eine hohe Brücke, hoch über die Schlucht gewölbt, alle Bögen mit Glühlämpchen skizziert in der Dämmerung, durch den Tunnel zum Schluss, stieg aus in ein mildes Schneegestöber, alles recht, und hielt Ausschau. Die Berge waren überhaupt nicht anwesend. Geboten wurden nach der langen Reise, und am Ende ja auch brav bergauf, ein feiner Flockenwirbel und grosse Schneemänner in einem aus Schnee gebauten Dorf am Bahnhof. Ich wusste nicht, was ich sagen sollte.»

Eigens für dieses Buch hat die Schriftstellerin den folgenden Text verfasst, in dem sie ihre Beziehung zu Arosa und seiner Landschaft beschreibt.

Brigitte Kronauers Roman «Teufelsbrück» spielt zum Teil in Arosa.

VON AROSA BIS LITZIRÜTI

In Augenschein genommen habe ich Arosa zunächst auf einer Ansichtskarte, entzückt, aber ohne Verwunderung. Es entsprach ja genau den Vorstellungen, die der sehr schöne Name schon immer für mich nahe gelegt hatte: Hinter einer bläulichen Schneedämmerung – auf die Häuser kam es mir weniger an – standen rosig leuchtende Bergflanken, jawohl, eindeutig rosa, etwa so, wie ich es in Tania Blixens Erzählung «Ehrengard» über das so genannte Alpenglühen auf den Wänden der Dolomiten gelesen hatte. Die Erwartung, einen solchen Sonderfall des vorübergehenden Errötens einer ganzen Landschaft zu erleben, hat sicher vor einigen Jahren mitgeholfen, mich endlich und leibhaftig in die Berge zu locken, die, wie ich bei den vielen vorangegangenen kurzen Blicken vom Zug via Italien aus auf die Alpen längst ahnte, unausweichlich auf mich warteten, in Fortsetzung einer sehr frühen und nicht vergessenen Kindheit in der Nähe eines österreichischen Schafbergs mit Kühen auf schrägen Wiesen, mit Enzian und kleinen Waldseen, in denen sich Felswände spiegelten.

Auch wenn dann weder Schießhorn, noch Erz-, noch Aroser Rothorn jemals in meiner Anwesenheit so phänomenal wie auf der folgenreichen Postkarte «erröteten» und dazu vom Gestein her wohl auch gar nicht in der Lage sind.

Als ich endlich im April 1993 erstmals in Arosa aus dem Zug stieg, ließen sich nicht mal Berge blicken. Zu weit weg? Weiße Leere. Nichts da! Nichts als diffuses Weiß ringsum. War man hier so hoch, daß man sich schon mitten in den Wolken befand? Nebel kannte ich aus meiner nördlich flachen Wohngegend, nur wenig von der Nord- und Ostsee entfernt, eigentlich zur Genüge. Sicher, am nächsten Morgen standen sie dann alle, alle Hörner und Hörnli und Fluhen, die ich inzwischen längst namentlich aufrufen kann, geradezu schmetternd auf Tuchfühlung parat.

Die Zeit der Initiationsprüfungen war aber noch nicht beendet. Da ich eine Freundin vegetativer Vielfalt und keine abfahrtbesessene Skifahrerin bin, freute ich mich besonders auf das sommerliche Arosa, sah aber, nachts angekommen, am ersten Augustmorgen vom Hotelfenster aus nichts als befremdend mild geschwungene und offenbar blumenlose Wiesen, eher geschorene Rasen, irgendwann abgelöst von grauen Felsen und Geröll.

Um es aber gleich zu sagen: Ich fahre seitdem zweimal jedes Jahr nach Arosa und zuverlässig setzt spätestens in Chur, im Sommer und im Winter, ein beschleu-

Die viel beachtete Hamburger Schriftstellerin Brigitte Kronauer kommt seit einigen Jahren regelmässig nach Arosa.

nigtes Herzklopfen ein, in gewisser Weise von Mal zu Mal sogar immer beschleunigter, denn je öfter ich in diese Landschaft reise, desto mehr präzisiert sich mein Blick für ihre mir bisher unbekannten spröden und nur in den waldigen Bezirken pittoresken Eigenarten. Ich glaube, ich habe mich noch nie in meinem Leben so allmählich, vom eigenen Widerstand fasziniert, Schritt für Schritt in eine Landschaft einsehen, einfühlen müssen. Damit meine ich weniger die bei jedem Besuch sich erweiternden Wanderungen auf der schiefen Ebene, etwa das erste Überschreiten der Maienfelder Furka nach Frauenkirch, bei dem man vom braunen Enzian überrascht wird, oder des Carmenna-Passes, der dann, wenn die Zeit all der kleinen Alpenblumen längst vorbei ist, sie in plötzlichen Mulden in buntesten Zusammenstellungen doch noch offeriert, oder die wild aussehenden Schafe in der Nähe des Tot-Seeli und die großen, mythisch unbewegt im Sommerregen über den Rand einer Bodenwelle herabsehenden Kühe, wenn man durch das Welschtobeltal zur Ramozhütte (ich nenne hier alles Lieblingsschauplätze!) raufsteigt. Gemeint ist ein Laufenlernen, vom körperlichen Training mal abgesehen, im Ästhetischen, ja, erst in und um Arosa herum habe ich überhaupt erfahren, daß man geologische Logik in ihrer unkaschierten Offensichtlichkeit, falls man sich ein wenig in sie einübt, als überwältigende, wüste, auch rührende Schönheit erleben kann.

Das betrifft natürlich vor allem die unendliche und doch zu katalogisierende Formenmenge der Erosionsgestalten. Nicht nur Pulverschnee und Firnspiegel, Oberflächenreif und Eiskristalle sind ja optische Euphorisierer. Man kann sich auch – hätte ich nie gedacht – in Schuttrinnen und Schuttkegel verlieben, etwa in die links vom Älplisee, erst recht, wenn ihre Säume, allgemeinen Gesetzen folgend, von Algen, Flechten und Moosen überwachsen, gefestigt und weiter zersetzt werden.

Arosa macht es dem Dilettanten leicht. Das weiß ich. Es bietet dem Wanderer und Beobachter gestufte Schwierigkeitsgrade. Und weckt doch den Wunsch, von Jahreszeit zu Jahreszeit ein bißchen professioneller zu werden. Und erlaubt doch, nach den sicher nicht gefährlichen Erlebnissen der wuchtigen Einöden zwischen den ja keinesfalls extremen Bergmassen solche in spektakulären Höhenlagen ein bißchen zu halluzinieren.

Aber gilt das nicht überhaupt für das gemäßigte Hochgebirge in den Alpen? Mag sein. Das überaus Schätzenswerte an Arosa nenne ich ja auch erst jetzt: Die Welt ist dort zu Ende und verriegelt! Transitverkehr durch tunnellose Berge unmöglich gemacht! Es ist eine dreimal gesegnete Umständlichkeit, daß man immer erst nach Chur zurück muß. Dadurch gibt es nur im Geheimen zu preisende Stellen von einzigartiger Stille und durch nichts zu ersetzender, steiniger Einsamkeit, die doch von Hamburg aus, Zugfahrt und Fußmarsch inklusive, in zirka 14 Stunden zu erreichen sind. Was braucht man da Vier- oder gar Achttausender!

Wenn es nur so bliebe! Wenn Arosa aus ganz normaler Gier nach Geld, Gag und Golf (und sich damit selbst das Grab gräbt) nicht allein Torheiten begeht, wie die eher harmlose, fun-gerecht einen riesigen Bierkrug in Nähe der kreischenden Skifabrik Mittelstation in Winterweiß und Sommergrün zu platzieren, sondern schlimmere und leider übliche, vom chemisch präparierten Kunstschnee, unter dem nichts mehr wächst, bis zum landschaftsverändernden Zusammenschluß mit den Skigebieten ringsum. Mein anfangs erwähntes Herzklopfen ist, wie immer, sobald man etwas zu lieben beginnt, auch ein bißchen eins der Bangigkeit.

Ob es der letzte Halt vor der Endstation Arosa war, Litzirüti also, der mich wegen seines lautmalenden Namens – klingt mindestens wie ein Vogellockruf im Märchen, und die Ich-Erzählerin glaubt das Wort gegen Ende immer öfter wie ein Zwitschern im Schnee zu hören – unbewußt bewogen hat, für mein letztes Buch «Teufelsbrück» nicht, wie es im Roman zunächst scheinen mag, das «Alte Land» an der Elbe (bäuerliches Obstanbaugebiet, neben dem jetzt die DaimlerChrysler-AG Werkhallen und Rollfelder für ihr Riesenpassagierflugzeug A 380 unter teilweiser Zuschüttung des Süßwasserwatts und Naturschutzgebietes Mühlenberger Loch baut), sondern die Gegend um Arosa als Erzählort zu wählen, der in den drei Schlußkapiteln immer stärker in den Vordergrund drängt?

Eine Landschaft ruft ja nicht allein bestimmte Gemütsverfassungen hervor. Es gilt auch umgekehrt: Bestimmte Zustände des Gefühls erzwingen ein zu Herzen gehendes Milieu.

Frische Gipfel und schwarze Kirschenkonfitüre

Die auch im deutschen Sprachraum sehr erfolgreiche englische Schriftstellerin Rosamunde Pilcher verbrachte kurz nach dem Zweiten Weltkrieg ihre Ferien in Arosa. Sie hatte sich 1942 als 18-Jährige freiwillig für den Women's Royal Navy Service gemeldet und wurde nach Indien und Ceylon abkommandiert. Nach ihrer Heirat mit dem im Krieg schwer verletzten Graham Pilcher begann sie zu schreiben. Ihre Kurzgeschichten und Romane, die zum Teil unter dem Pseudonym Jane Fraser erschienen sind, spielen meist im ländlichen Milieu der britischen «upper middle class». Riesigen Erfolg hatte Pilcher mit den Familiensagas «Die Muschelsucher» (1987) und «September» (1990), die beidseits des Atlantiks Bestseller waren. Mit ihren modernen Heimatromanen spricht Rosamunde Pilcher ein breites Publikum an; auch die zuletzt erschienenen Romane «Heimkehr» und «Wilder Thymian» waren sehr erfolgreich.

Rosamunde Pilcher (Bildmitte, mit Schulterpullover) auf dem Balkon ihres Zimmers im Hotel Seehof. Ganz rechts ihr Mann Graham Pilcher.

Nach dem Krieg, ich war gerade 23 Jahre alt, fuhr ich das erste Mal ins Ausland in die Ferien, nach Arosa in der Schweiz, mit meinem Mann, meiner Schwägerin und ihrem Mann. Das war im Februar 1947. Wir fuhren von Chur in einer kleinen Bergbahn, durch die Sonne und den Schnee, und ich ass in Arosa das erste Mal in meinem Leben frische Gipfel und schwarze Kirschenkonfitüre.

Es war fast niemand dort, damals. Arosa war leer, und die Skipisten waren fast leer. Wir hatten Vorkriegs-Skikleider, die völlig aus der Mode waren, aber wir hatten keine Coupons für neue. Es gab fast keine Skilifte; niemand benutzte sie, und die Sonne schien den ganzen Tag darauf.

Ich weiss den Namen des Hotels, in dem wir waren, nicht mehr sicher, aber ich glaube, es hiess «Suvretta». Der Speisesaal war nur halb voll, und am Tisch neben uns sass ein ziemlich dickes französisches Paar mittleren Alters. Es war nicht besonders freundlich. Eines Abends sagte die französische Dame zu ihrem Mann: «Wie kommt es, dass alle Engländer so dünn sind?»

Sie merkte nicht, dass wir alle auch Französisch sprachen.

Ich stand auf, ging zu ihrem Tisch und erklärte ihr freundlich: «Sie sind dünn, weil mein Mann schwer verletzt worden ist, kurz nachdem die Highland Division den Rhein überquert hatte, und seither war er fast die ganze Zeit im Spital. Und mein Schwager ist dünn, weil er 5½ Jahre lang in einem deutschen Kriegsgefangenenlager war.»

An viel mehr kann ich mich bei diesen Ferien nicht erinnern.

Anhang

Textnachweis

Hans Conrad Escher Transkript aus dem Reisetagebuch. Wissenschaftshistorische Sammlung der ETH Zürich.
Anna Hold aus: Hold, Anna; Just, Robert: Vom alten Arosa. Buchdruckerei AG, Arosa 1917.
Friedrich Ernst aus: Ernst Friedrich; Arosa entgegen; Eine Sommerfahrt in die Schweizer Berge; Verlag Richard Sattler; Leipzig 1901.
Arthur Conan Doyle aus: Strand Magazine, 1894, London. Übersetzung durch den Herausgeber.
Otto Amrein aus: Amrein, Otto; Die Infektionsität der Tuberkulose; Vortrag gehalten in Arosa am 13. Februar 1902 zu Gunsten des Vereins für unbemittelte Lungenkranke in Arosa; Zollikofer; St. Gallen 1902.
Christian Morgenstern aus: Kretschmer, Ernst (Herausgeber); Christian Morgenstern, ein Wanderleben in Text und Bild; Quadriga-Verlag; Weinheim 1989.
Hans Morgenthaler Originalmanuskripte Schweizerisches Literaturarchiv, Bern. Teilweise aus: Morgenthaler, Hans; Hamo, der letzte fromme Europäer; Ein Hans-Morgenthaler-Lesebuch: Sein Leben, seine Versuche und Anstrengungen; herausgegeben von Perret, Roger; Lenos; Basel 1982.
Theodor Däubler aus: Arosa, Atlantis, Februarausgabe 1929, Zürich 1929
Felix Moeschlin Texte aus Basler Nachrichten, 30. November 1917. Gedichte und Zeichnungen aus: Moeschlin, Felix; Hammar, Elsa; Arosa im Winter; Manatschal Ebner Verlag; Chur 1916. Moeschlin, Felix; Hammar, Elsa; Aroser Sommer; Manatschal Ebner Verlag; Chur 1916. Moeschlin, Felix; Hammar, Elsa; Aroser Winter; Manatschal Ebner Verlag; Chur 1916. Mit freundlicher Genehmigung von Sven Moeschlin, Brissago.
Hans Roelli aus: Roelli, Hans; Fischer, Hans; Gallian, Julius; Es leuchtet der Schnee; Ein Werk von der Schönheit des Winters in Bild und Wort; München 1934. Mit freundlicher Genehmigung von Margrit Roelli, Zürich.
Hermann Hesse aus: Hesse, Hermann; Beschreibungen einer Landschaft; Schweizer Miniaturen; Herausgegeben und mit einem Vorwort versehen von Siegfried Unseld; Suhrkamp Taschenbuch; Frankfurt 1992. Copyright Suhrkamp Verlag. Abdruck mit freundlicher Genehmigung. Briefe aus dem Deutschen Literaturarchiv Marbach und aus Privatarchiven. Copyright Suhrkamp Verlag. Abdruck mit freundlicher Genehmigung.
Annemarie Schwarzenbach aus: Korrodi, Eduard (Herausgeber); Das Buch von der Schweiz – Was nicht im Baedeker steht; unter Mitarbeit von Annemarie Schwarzenbach und Hans Rudolf Schmid; 2 Bände; Piper; München 1932.
Thomas Mann aus: Tagebücher; herausgegeben von Inge Jens; S. Fischer Verlag; Frankfurt 1997. Der Zauberberg; Fischer Taschenbuch; Frankfurt 1996. Abdruck mit freundlicher Genehmigung des S. Fischer Verlags. Interview mit Elisabeth Borgese-Mann durch den Herausgeber.
Rosamunde Pilcher Korrespondenz mit dem Herausgeber.
Eckhard Henscheid Henscheid, Eckhard; Über Manches; ein Lesebuch; Haffmans Verlag; Zürich 1996.Mit freundlicher Genehmigung des Verfassers.
Brigitte Kronauer Erstveröffentlichung.

Bildquellen

Archiv Haldimann: Seite 17, 18, 24, 28, 29, 31, 37, 39, 49, 56, 64, 68, 77 oben, 130, 135, 134 unten, 153.
Archiv Schatzalp, Benjamin Miller, Zürich: 43, 52, 54, 55 oben, 55 unten links, 62 unten.
Arosa Tourismus: 132, 160, 165.
Aroser Fremdenblatt, Sammlung Hans Danuser: 149, 150, 160.
Testament eines Schwindsüchtigen, Bern 1930: 72, 87.
Deutsches Literaturarchiv, Marbach: 117, 120, 121 oben, 122, 124, 125, 127.
E. Meerkämper, Davos: 113.
Foto Homberger, Arosa: 44, 46, 51, 168.
Führer durch Graubündens Kurorte, Sommerfrischen und Sportplätze; hrsg. von F. Hasselbrink im Auftrag des Verkehrsvereins für Graubünden; Chur 1910: 26.
Grafische Sammlung der ETH, Zürich: 8, 12, 14.
Heidi Parker-Sturzenegger: 143.
Heiner Hesse, Arcegno: 114, 123 oben, 126, 128, 131.
Kantonsbibliothek Graubünden: 21, 22, 30, 38, 40, 58, 62 oben, 98, 99, 119, 121 unten.
Kurt Marti, Bern: 79, 85.
Margareta Morgenstern, Breitbrunn/Ammersee: 66, 70, 71.
Nachlass Hans Roelli, Zentralbibliothek Zürich: 110, 111 oben.
Niklaus Stauss, Zürich: 158.
Otmar Schmid, Uster: 63.
Otto Dix, Theodor Däubler © Pro Litteris, 2001, 8033 Zürich: 93.
Privatarchiv Brigitte Kronauer: 171.
Privatarchiv Christian Englert, Basel: 123 unten, 129.
Privatarchiv Rosamunde Pilcher: 173.
Sammlung Daniel Anker: 47, 48.
Sammlung Hans Danuser, Arosa: 59, 142, 143 oben rechts.
Wissenschaftshistorische Sammlungen, ETH Zürich: 13.
SBB-Pressedienst, SBB Revue: 90, 100.
Sven Moeschlin, Brissago: 103, 107.
Thomas-Mann-Archiv, Zürich: 136, 141, 155.
Vereinigung für Heimatkunde und Naturschutz im Schanfigg (Verein Heimatmuseum Schanfigg): 20 oben, 27, 32, 34, 35, 41, 50, 55 unten rechts, 57, 60, 61, 67 oben, 77 unten, 83, 95, 96, 97, 104, 105, 108, 109, 111 unten, 144, 145, 147, 151.
Walter Feilchenfeldt, Zürich: 134.
Zentralbibliothek Zürich: 11, 20 unten.

Benutzte Literatur

Amrein, Otto; Arosa in medizinischer Bedeutung; herausgegeben vom Kur- und Verkehrsverein Arosa; Arosa 1914.

Amrein, Otto; Lungentuberkulose; Was Lungenpatienten wissen müssen (mit besonderer Berücksichtigung der Hochgebirgs- und anderer Behandlung); Verlag Junginger-Hefti; Arosa o. J.

Beheim-Schwarzbach, Martin; Christian Morgenstern; rororo-Bildmonographie; Reinbek 1964.

Bener, Gustav; Stiefel, Eduard; Roelli, Hans; Arosa entgegen; mit farbigen Bildern von Eduard Stiefel; herausgegeben von der Kurverwaltung; Arosa o. J.

Casti, Johannes Balthasar; Monographie über Arosa; 3 Bände; Gemeinde Arosa; Arosa 1971.

Caviezel, F. Walter; Arosa, seine hygienischen Verhältnisse vor dem Fremdenverkehr; ein Beitrag zur Geschichte der Hygiene und zur Geschichte des Kurorts Arosa; Gutenberg; Lachen 1932.

Danuser, Hans; Alte Wege im Schanfigg; Verlag Walservereinigung Graubünden; Splügen 1997

Danuser, Hans; Arosa, wie es damals war, 1850–1907; Arosa 1997.

Danuser, Hans; Arosa, wie es damals war, 1907–1928; Arosa 1998.

Danuser, Hans; Arosa, wie es damals war, 1928–1947; Arosa 1999.

Danuser, Hans; Arosa, wie es damals war, 1947–1961; Arosa 2000.

Eluard, Paul; Liebesbriefe an Gala 1924–1948; herausgegeben von Pierre Dreyfuss; Diana-Verlag; München 1998.

Escher von der Linth, Hans Conrad; Ansichten und Panoramen der Schweiz; Die Ansichten 1780–1822; herausgegeben von Gustav Solar; Atlantis Verlag; Zürich 1974.

Fischer, Beat; 500 Jahre Bergkirchli Arosa; Casanova AG; Chur 1992.

Gähwyler, Max; Tuberkulosedurchsung, -Morbidität und –Mortalität in Arosa 1890–1929; J. Springer Verlag; Berlin 1930.

Grosjean, Georges; Arosa; Reihe Schweizer Heimatbücher; Paul Haupt; Bern 1961.

Handbuch der Bündner Geschichte; herausgegeben vom Verein für Bündner Kulturforschung im Auftrag der Bündner Regierung; 4 Bände; Verlag Bündner Monatsblatt; Chur 2000.

Harpprecht, Klaus; Thomas Mann, eine Biographie; Rowohlt; Hamburg 1995.

Hasselbrink, F.; Führer durch Graubündens Kurorte, Sommerfrischen und Sportplätze; herausgegeben vom Verkehrsverein für Graubünden; Chur 1910.

Hesse, Hermann; Gesammelte Briefe; 4 Bände; Suhrkamp; Frankfurt 1979.

Hesse, Ninon; Lieber, lieber Vogel; Briefe an Hermann Hesse; ausgewählt und erläutert von Gisela Kleine; Suhrkamp; Frankfurt 2000.

Hiltbrunner, Hermann; Die Chur-Arosa-Bahn und der Kurort Arosa; Verlag Sadag; Genf 1928.

Hofmann, Hans; Chur–Arosa, vom Bau und Betrieb der Bahn; Calanda-Verlag; Chur 1993.

Homberger, Ruedi; Peer, Andri; Arosa; Ein farbiger Bildband; Ra-Verlag; Rapperswil 1972.

Jacobi, Ernst; Das Sanatorium Arosa während der ersten vier Jahre seines Bestehens; Chur o. J.

Just, Robert; Die Gemeinde Arosa; ihr Wirtschaftsleben vor und seit dem Fremdenverkehr; Rascher; Zürich 1908.

Kleine, Gisela; Zwischen Welt und Zaubergarten; Ninon und Hermann Hesse: Ein Leben im Dialog; Suhrkamp; Frankfurt 1998.

Kurverein Arosa (Herausgeber); Arosa, ein Führer für die Fremden; Chur 1889.

Kurzke, H.; Thomas Mann, das Leben als Kunstwerk; eine Biographie; Beck; München 1999.

Mann, Erika; Mein Vater, der Zauberer; Rowohlt Verlag; Reinbek 1996.

Mann, Katia; Meine ungeschriebenen Memoiren; herausgegeben von E. Plessen und Michael Mann, Bertelsmann; Gütersloh 1974.

Mann, Klaus; Tagebücher; herausgegeben von Joachim Heimannsberg, Peter Laemmle und Wilfried F. Schoeller; Edition Spangenberg; München 1989.

Maron, Fritz; Die Geschichte des Aroser Skilaufes; dem Skiclub Arosa zu seinem 30jährigen Jubiläum am 16. Dezember 1933; Buchdruckerei Arosa; Arosa 1933.

Maron, Fritz; Vom Bergbauerndorf zum Weltkurort Arosa; F. Schuler; Chur o. J. (1935).

Moeschlin, Felix; Hammar, Elsa; Aroser Sommer; Manatschal Ebner Verlag; Chur 1916.

Moeschlin, Felix; Hammar, Elsa; Aroser Winter; Manatschal Ebner Verlag; Chur 1916.

Moeschlin, Felix; Hammar, Elsa; Ich bin dein und du bist mein; aus dem Briefwechsel Elsa Hammar – Felix Moeschlin; Artemis Verlag; Zürich 1955.

Moeschlin, Felix; Meine Frau und ich und andere Erzählungen; Orell Füssli; Zürich 1925.

Morgentahler, Hans; Das Ende vom Lied; Lyrisches Testament eines Schwindsüchtigen; Jahresgabe Bernische Kunstgesellschaft, Bern 1930.

Morgenthaler, Hans; Hamo, der letzte fromme Europäer; ein Hans-Morgenthaler Lesebuch; Sein Leben, seine Versuche und Anstrengungen; herausgegeben von Perret, Roger; Lenos; Basel 1982.

Morgenthaler, Hans; Ich selbst; Gefühle; Orell Füssli; Zürich 1923.

Morgenthaler, Hans; Ihr Berge; Stimmungsbilder aus einem Bergsteiger-Tagebuch; Orell Füssli; Zürich 1920.

Morgenthaler, Hans; In der Stadt; Die Beichte des Karl von Allmen; Aus dem Nachlass herausgegeben und mit einem Geleitwort versehen von Otto Zinniker; Spaten Verlag; Grenchen 1950.

Morgenthaler, Hans; Totenjodel; herausgegeben von Kurt Marti; Kandelaber-Verlag; Bern 1970.

Morgenthaler, Hans; Woly, Sommer im Süden; Orell Füssli; Zürich 1924.

Perret, Roger (Herausgeber); Der kuriose Dichter Hans Morgenthaler; Briefwechsel mit Ernst Morgenthaler und Hermann Hesse; Lenos; Basel 1983.

Prater, Donald A.; Thomas Mann – Deutscher und Weltbürger; eine Biographie; aus dem Englischen von Fred Wagner; Hanser; München 1995.

Riefenstahl, Leni; Memoiren; Verlag Albrecht Knaus; München 1987.

Roelli, Hans; 101 Roelli-Lieder; Edition Kunzelmann; Adliswil 1985.

Roemisch, Wolfgang; Die Kur in Arosa; Verhaltungsmassregeln und Aufklärung über verschiedene Irrtümer und Vorurteile; Verlag Junginger-Hefti; Arosa 1922.

Ryan, Frank; The Forgotten Plague; How the Battle Against Tuberculosis Was Won – And Lost; Little, Brown and Company; Boston 1992.

Schröter, Klaus; Thomas Mann; rororo-Bildmonografie; Reinbek 1998.

Solar, Gustav; Das Panorama und seine Vorentwicklung bis zu Hans Conrad Escher von der Linth; Orell Füssli; Zürich 1979.

Sprecher, Thomas; Davos im Zauberberg; Verlag W. Fink; München 1992.

Sprecher, Thomas; Gutbrot, Fritz; Die Familie Mann in Kilchberg; Verlag NZZ; Zürich 2000.

Sprecher, Thomas; Thomas Mann in Zürich; Verlag NZZ; Zürich 1992.

Stashower, Daniel; Teller of Tales; The Life of Arthur Conan Doyle; Penguin Press; London 1999.

Volker Michels (Herausgeber); Hesse, sein Leben in Bildern und Texten; mit einem Vorwort von Hans Mayer; Insel Verlag; Frankfurt 1987.

Wanner, Kurt; Annemarie Schwarzenbach und ihre Zeit in Graubünden; Wo ich mich leichter fühle als anderswo; Verlag Bündner Monatsblatt; Chur 1998.

Wanner, Kurt; Der Himmel schon südlich, die Luft aber frisch; Schriftsteller, Maler, Musiker und ihre Zeit in Graubünden 1800–1950; Verlag Bündner Monatsblatt; Chur 1993.

Weitz, John; Hitler's Banker; Hjalmar Horace Greeley Schacht; Little, Brown and Company; New York 1997.

Weitz, John; Hitler's Diplomat; Joachim von Ribbentrop; Weidenfeld and Nicolson; London 1992.

Werner, Dieter (Herausgeber); Theodor Däubler, Biographie und Werk; Vorträge des Dresdener Däubler-Symposiums 1992; Gardez-Verlag; Mainz 1966.

Wysling, Hans; Schmidlin, Yvonne (Herausgeber); Thomas Mann, ein Leben in Bildern; Fischer Verlag; Frankfurt 1997.

Zinsli, Paul; Walser Volkstum in der Schweiz, in Vorarlberg, Liechtenstein und Piemont: Erbe, Dasein, Wesen; Huber; Frauenfeld 1970.

Romane mit Schauplatz Arosa

Arosa ist der Schauplatz zahlreicher Romane. Die älteren Texte sind meist Arztromane, die in einem der Sanatorien spielen. Eine Auswahl:

Caviezel, Franz Walter; Arosen will leben! Eine Erzählung aus Arosa vor 100 Jahren; Heimat-Verlag; Bern 1942.

Caviezel, Franz Walter; Frag nicht warum!; Ein Arztroman der Gegenwart; Waldstatt Verlag; Einsiedeln 1945.

Caviezel, Franz Walter; Silvia Marugg; Heimatroman; Waldstatt-Verlag; Einsiedeln 1945.

Caviezel, Franz Walter; Das ewige Ja; Arztroman der Gegenwart (Fortsetzung zu «Frag nicht warum!») Waldstatt Verlag; Einsiedeln 1951.
8. Auflage. Umschlag etwas eingerissen. Fortsetzung von: «Frag nicht warum!»

Kronauer, Brigitte; Teufelsbrück; Roman; Klett-Cotta; Stuttgart 2000.

Rema, E.; Sanatorium Speranza; Verlag Carl Reissner; Dresden 1910.

Remarque, Erich Maria; Drei Kameraden; Roman; Desch Verlag; Berlin 1951.

Renker, Gustav; Arosa nimmt, Arosa gibt; Roman; Ex Libris; Zürich 1948.

Vögtlin, Adolf; Vittanova; ein Roman aus der Stille; Huber Verlag; Frauenfeld 1930.

Gedichtbände

Gottier-Rapp, Lydia; Arosa; «Hier bin ich Mensch, hier darf ich sein!»; Buchdruckerei Arosa; Arosa 1977.

Pestalozzi, Heinrich; Auf Aroser Höhenwegen; Neue Gedichte von Heinrich Pestalozzi; Hüni & Co.; Zürich 1918.

Reinacher, Eduard; Arosa; zehn landschaftliche Gedichte; Verlag für freies Geistesleben; Basel 1923.

Schüz-Herwig, Else; Bergfeier; Gedichte.

Siebel, Johanna; Das Aroser Kirchli; Gedichte; Verlag Rascher & Co.; Zürich 1917.